国家发展与战略丛书

National Development and Strategy Series

电子商务发展与乡村振兴战略

以西藏地区为例

The Development of E-commerce and Rural Vitalization Strategy:
A Case Study of Tibet

伍 聪／著

中国人民大学出版社
·北京·

前　言

2020年10月26日至29日，中国共产党第十九届中央委员会第五次全体会议召开。全会指出，“十三五”时期，脱贫攻坚成果举世瞩目，五千五百七十五万农村贫困人口实现脱贫；全会提出，优先发展农业农村，全面推进乡村振兴，走中国特色社会主义乡村振兴道路，全面实施乡村振兴战略，深化农村改革，实现巩固拓展脱贫攻坚成果同乡村振兴有效衔接。而发展农村电商对于加快农业现代化进程、培育农村发展新动能具有重大意义，也是乡村振兴战略的重要支撑和强大引擎。

西藏具有特殊的地理位置和独特的地缘优势，近年来电子商务实现了快速发展，已经逐渐成为促进农牧区流通产业发展、打通农牧产品上行渠道、助力农牧民增收致富的重要手段，成为助力西藏地区精准扶贫、精准脱贫和供给侧结构性改革的重要举措。

在国家政策的支持下，西藏电商实现稳定增长、后发优势明显，电子商务供给结构不断优化，多点支撑空间格局快速形成，特色产业内生动能逐步聚集，实物型网络零售持续拓宽，服务型电商发展潜力有序释放。但是，西藏地区农村电商发展也面临着农牧区基础设施建设滞后、农牧产业发展水平相对较低、农牧区电商人才严重缺乏、农村电商发展氛围尚需营造等诸多困难。

面对这些困难，西藏地区通过大力构建农牧区电子商务服务体系、逐步完善农牧区物流配送仓储体系、着力解决农牧区“最后一公里”问题，逐步实现了“农村更便”；通过推动农业供给侧结构性改革、促进农牧生产科学发展、带动农牧产业升级改造，逐步实现了“农业更强”；通过贫困地区网络品牌培育、“互联网+精准扶贫”、贫困户电商创业就业，逐步实现了“农民更富”。“农村更便”“农业更强”“农民更富”，三者相互协调、融为一体，构建了西藏农村电商支撑乡村振兴战略的独特模式和新型格局。

总体上看，西藏地区农村电商发展前景广阔，农村电子商务基础设施逐步完善，市场规模不断扩大，交易产品种类不断增加，产品结构逐渐完善，已初步形成具有西藏地区特色的农村电商发展路径，成为带动农村产业融合和经济社会发展的新型模式，为促进乡村振兴起到了重要作用。面对独特的自然条件、经济环境和历史文化，西藏不能简单照抄照搬其他地区的发展模式，要更加讲求具体问题具体分析，结合自身优势，突出地区特色，因地制宜推动电子商务发展。只有这样，才能真正扎根西藏农牧区市场，在乡村振兴事业中赢得优势、赢得主动、赢得未来。

本书系西藏自治区2018年人才资源开发专项资金项目“西藏农牧金融的研究阐释与人才培养”成果。

目　录

图表目录

引言 电子商务与乡村振兴战略：重要支撑

2020 年 10 月 26 日至 29 日，中国共产党第十九届中央委员会第五次全体会议提出，优先发展农业农村，全面推进乡村振兴，走中国特色社会主义乡村振兴道路。早在 2017 年，党的十九大报告就指出，要大力实施乡村振兴战略，“按照产业兴旺、生态宜居、乡风文明、治理有效、生活富裕的总要求，建立健全城乡融合发展体制机制和政策体系，加快推进农业农村现代化”。在经济发展新形势下，要想加快乡村振兴的步伐，就必然要在推进体制机制改革的同时，加快农村新经济的发展，助推乡村在经济新轨道中实现弯道超车。而农村电商则是继输血式扶贫向造血式扶贫转变之后的又一条致富新途径，更是乡村振兴战略的重要支撑。

农村电商近几年的快速发展离不开国家顶层设计的前瞻性引导与扶持。早在 2014 年，国务院《关于促进内贸流通健康发展的若干意见》就明确指出要“支持电子商务企业向农村延展业务”。2015 年以来，国家连续发布了 30 多个文件，各地也先后出台政策措施，因地制宜推动农村电商发展。2017 年的中央一号文件更是从“加快建立健全适应农产品电商发展的标准体系”“加强从村到乡镇的物流体系建设”“深入实施电子商务进农村综合示范”“完善全国农产品流通骨干网络”等多个方面勾勒出了农村电商未来的发展方向，完善了针对农村电商的政策体系。2018 年的中央一号文件提出“大力建设具有广泛性的促进农村电子商务发展的基础设施，鼓励支持各类市场主体创新发展基于互联网的新型农业产业模式，深入实施电子商务进农村综合示范，加快推进农村流通现代化”，进一步为我国农村电商助力乡村振兴指明了方向。

在政策推动下，农村电商分享到了我国电商发展成熟形态的红利，借助农村地区农产品上行和工业品下行的巨大供需市场，开始在农村大地落地生根、惠泽万民。对于农村地区的电子商务发展来说，将原来的小范围交易环境通过网络扩大到城市甚至是更远的地方，就能够促进农产品的流动，不断促进农村产业结构的调整，从而带动农村经济的发展，逐步缩小西部地区农村和城市之间的差距，以及西部地区和我国中东部地区的差距①，具有重要的经济、社会双重效益。

① 陈君. 西部地区农村电商的发展思路［J］. 商场现代化，2015（16）：74-75.

（一）农村电商前景广阔：带动作用

随着我国农村移动网络覆盖和基础设施建设的普及，农村电商在国家“三农”发展方略的指引下实现了迅猛发展。农村网民数量不断增多，电商交易规模不断扩大，商品交易种类不断丰富。从 2013 年开始，农村网络零售额占全网网络零售额的比例就持续上升，由 2014 年的 6% 发展到 2017 年的 17.4%；2017 年农村网络零售额达到 12 449 亿元人民币，同比增长 39%；2018 年以来农村电商进入平稳增长阶段，2018 年农村网络零售额达到 13 700 亿元人民币，同比增长 10%（见图 1）。而农产品经营逐步标准化、品牌化、规模化的发展轨迹也显示着农村电商在量变中实现质的突破。广袤的农村迎来

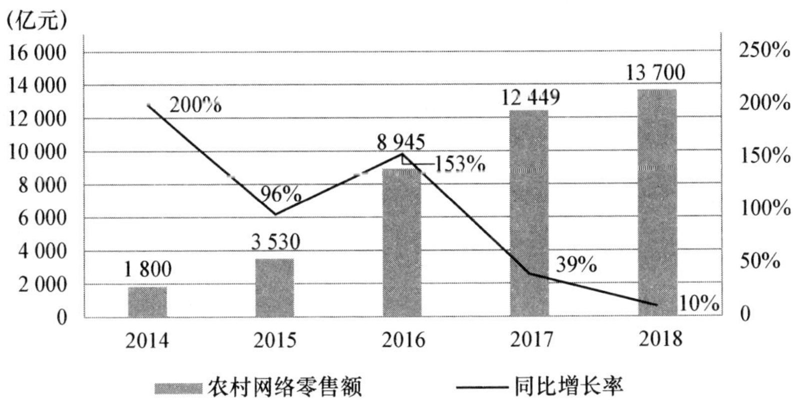

图 1　2014—2018 年中国农村网络零售额及其同比增长率

资料来源：中华人民共和国国家统计局．中国统计年鉴［M］．2015—2019．北京：中国统计出版社，2015—2019．

了一场科技与商业的变革，农村丰富的人力和自然资源重新焕发新动能，农村电商正从多方面重塑农村经济社会的发展面貌。

农村电商对于西部地区的带动作用极为显著。近年来，随着西部地区不断加快信息化进程，国家加大对西部地区投资力度以及当地政府日益重视其发展，西部地区的交通状况逐渐得到改善，电子商务的物流配送网络不断扩展。随着这些基础条件的完善，人们愈加关注电子商务的发展，村民对电商的了解程度逐渐加深，参与意愿也逐渐提高。一方面他们能够选择更多元化的商品，另一方面他们也更加愿意向市场推广自己村中的特色文化或物质产品。对于处在西部偏远地区的农村来说，落后的交通条件以及城镇发展水平的限制导致村民难以通过面对面交易的方式买到自己心仪的商品，也很难将想卖的商品推向广阔的市场。因此，电商在西部的农村地区便有了发展空间，村民们可以通过网络购买自己需要的商品，还能把自己的富余产品推向广大市场以获得收益，这一发展趋势也证明了电子商务在西部农村地区的大好发展前景①。

在传统的农村经济发展中，本区域的农产品为主要交易产品，农业为主要产业，商品和产业较为单一，但农村电子商务平台建立起来后，村民便能够在本村的电商平台上推广自己富余的农产品等特色产品，且在从事电商经营的同时又对其他产

① 陈君．西部地区农村电商的发展思路［J］．商场现代化，2015（16）：74-75.

业发展起到了带动作用，能实现促进农业优质发展这一基本目标。此外，由于电子商务交易的载体是计算机和网络，电商的发展也使得电子信息行业随之发展壮大。与此同时，农村电商的物流系统建设又带动了运输行业的发展，如一些高端商品需要特殊加工和储存，与此相关的行业便被带动起来。如此一来，农村电子商务行业的发展不仅为西部农村地区的村民带来好处，也为相关产业链、利益链上的参与者带去了丰厚的收益，从而带动了整个行业体系的良性循环。

1．促进农民收入提高，推动农民返乡创业就业

农村电商在中国农村经济变革之势中应运而生，其能在数年时间内发展成乡村振兴战略的引擎，关键在于农村电商革新了农村传统发展方式，在农村原有的单一产业基础上，利用新商业组织模式和科技手段帮助农牧民实现增收，焕发了农业经济的新动力。首先，电商渠道可以减少农资用具和农产品的流通环节，降低农牧民的生产成本，提高经营效率和经营利润；交易、搜寻和沟通成本的节约也可以有效疏通农牧民和上游供应端、下游消费端之间的通道，进而缓解信息不对称。其次，电商平台强大的辐射力有利于扩大农产品销售半径，农户直接对接市场的方式突破了门店、库存约束和线下销售能力的限制，创业门槛的降低促使更多农民返乡创业。最后，农村电商让农村劳动力回归农业生产本源的同时也让农民摆脱了单一的

耕种生计，转而向现代化企业主、产业工人转型，促进了农村经济的结构化调整与升级。

2. 促进生产结构优化，全面构建现代农业体系

广大乡村依靠密集的人情网络紧密连接，有着“熟人社会”的鲜明特征。这使得乡村中的成功创业实例有了模仿学习、普及推广的可能，农村电商各异的生产模式也在“传帮带”的聚集竞争中不断优化，实现了优胜劣汰。农村电商平台不仅实现了生产者的聚集，还同样集中了消费者的零散需求，形成规模经济。各家平台通过交易数据的积累与整合，利用大数据、用户画像等技术路径勾画出市场的需求和偏好，实现供需双方信息资源有效互通，再搭配平台建立的合理有效的买方评价机制，共同促进农产品的品牌化、专业化生产分工，以及优势特色农产品集群式发展。这有利于倒逼生产结构优化，提升农产品供给质量。农村通过电商平台实现供需双端资源整合与品牌重塑，与城市社区亿万客户群体联通，真正走出了“工业品下乡、农产品进城”的发展路子。产业链内部的融合和附加值提升，引导个体农户、家庭农场、农村合作社等各级经营主体与区域龙头企业建立深度合作，优化生产要素投入，提高要素产出率，从而更好地构建现代农业产业体系。

3. 促进乡村基层治理，带动农村社会化建设

农村电商不仅是农村经济的变革，更涉及对农村社会化、组织化建设的推动。农村电商通常与当地政府合作，为了做大做强当地优势产业而将资源倾斜于几类特色主打产品，规模积聚与层级整合后新岗位的大量涌现使农民这一职业内涵更为丰富。农民利用自己对乡村生长于斯的熟知，从“面朝黄土背朝天”的普通农业生产者转变为特色农产品经销商、中小农企管理者。一方面，在这种政企引导、农户主导的整合扩建过程中，原本碎片化的农村家庭生产单元逐渐发展成为组织化、系统化运作的中小微企业，农民的角色和意识都在这一过程中实现了跳跃式转型发展。另一方面，农村电商也带动了农村公共服务的现代化。农村公共资源配给少、层次低一直是破除城乡二元结构体制的一大障碍。而农村电商在为农民带来新创收途径的同时，也将互联网知识、现代经营理念和服务模式带进了农村，并渗透到乡村基层治理、村镇政务运转等各个方面。电商与农民在双向协同中实现了管理和服务的创新效能提高，以农民所需为本，一手抓现有人力物力资源聚合释能，一手抓乡村基层组织体制改革，最终形成了比肩城市的公共服务理念和绩效，打破了城乡二元结构体制的桎梏。

诚然，农村电商的深入发展是一场持久攻坚战，乡村振兴

的美好愿景还需要政策、金融、教育等多个环节联合推进。但无论是以淘宝、京东为代表的电商企业，还是响应时代号召力推农村电商的基层政府，以及千万正参与农村电商建设的农民，都无一不是这条脱贫致富路上勇敢向前的探路先锋。随着金融机构、科技企业纷纷入局，农村电商对于促进乡村振兴的效用还将继续被发掘。

（二）农村电商前行艰难：共性问题

农村电商是深化扶贫攻坚、实现乡村振兴的必然路径，更是推进全面小康、实现共同富裕的内在要求。但在其落地过程中，农村地区一些长期存在的固有问题成为农村电商广泛开展的阻碍，限制了农村电商发挥精准扶贫的作用。这些问题主要表现为农村传统的思想观念、不完善的基础设施、薄弱的产业基础和品牌建设、紧缺的人才储备与培养，以及短缺的金融服务与资金支持。

1. 农民思想观念传统，网络知识较缺乏

根据中国互联网络信息中心（CNNIC）发布的第 42 次《中国互联网络发展状况统计报告》，截至 2018 年 6 月，我国网民规模达 8.02 亿，互联网普及率为 57.7%；其中我国农村

网民规模为 2.11 亿，占整体网民的 26.3%，农村地区互联网普及率为 36.5%，农村地区非网民占比为 62.2%。可以说这几年农村网络的普及率和网民规模都在提高，但是与城市相比，仍存在很大的差距。

同时，由于多数农村地处偏远，长期处于信息闭塞环境中，传统商业形态和生活习惯已经根深蒂固，加上教育水平有限，致使农民对新鲜事物的理解程度和接受程度比较低。移动支付对于长期习惯于“一手交钱，一手交货”的农民是一次习惯的冲击，农村电商对于长期从事传统模式农业经营的农户是一场观念的变革。而互联网金融往往与电商密不可分，农村电商前期需要大量资金投入。一些敢于率先试水农村电商的农民因金融知识缺乏、风险意识不强而对市场上种类繁多、质量参差的信贷产品难以有效识别，不仅不能满足自己的信贷需求，还有上当受骗的风险；另一些农民则因为极度风险厌恶而对农村电商和普惠金融产品抱有不信任态度。薄弱的风险意识和传统的思想观念使农民参与农村电商建设的积极性不高，这成为农村电商发展的一大阻碍。

农村网民缺乏对相关网络知识的理解与掌握也在一定程度上阻碍了农村电商的发展。很多人可能会使用电脑，也具备其他条件，但不会进行线上交易、物流管理等操作，难以辨析信息真假，对市场信息掌握不完全或不知如何理解、运用市场供求信息，等等，这些都是在农村电商发展过程中需要解决的问题[①]。

2. 农村基础设施较差，物流体系不完善

农村地区落后的交通条件和欠发达的物流网络造成了其地区电商在商品运输配送方面的难题。由于西部农村面积广大而人口稀少，物流公司难以将其物流网覆盖至每一个乡村，有些地区只能配送至县镇一级，而一些交通状况糟糕的偏远地区甚至直接被物流公司排除在外，于是便出现了青海、西藏、甘肃等地区不包邮或者不配送等情况。如此，即便农民有待售产品和电商需求，落后的基础设施也将成为其障碍。物流是电子商务发展的支柱，建立健全农村物流体系，完善物流配送相关基础设施，势在必行[②]。

正是因为农村电商发展需要当地完备的基础设施的支持，如信息通信、互联网络、道路交通等，所以在我国大部分农村地区长期存在的相应基础设施落后和匮乏的问题，已成为农村电子商务发展的瓶颈，而基建工程同样需要大量政府和社会资金的支持。道路交通限制了物流网络的延伸，使农村物流体系建设发育迟缓。在冷链技术并不发达的我国农村，大部分需要保质保鲜的农产品在储存和运输途中更存在损耗、变质、超时

① 张传秀. 当前我国农村电商存在的问题及对策分析［J］. 中共南宁市委党校学报，2016（1）：16-19.

② 同①.

等问题，个体户经营成本因此增加，难以实现电商脱贫致富。

3. 农村产业基础薄弱，品牌意识不强

作为产业扶贫的一种新形式，农村电商的深入推进离不开牢固坚实的产业基础。在“产业兴旺”的战略下发展农村电商，产业扶贫是主要抓手。但当前农村电商正面临着农业产业集中度不高、缺乏品牌效应等诸多问题，严峻的发展形势一定程度上减缓了农村电商的发展脚步①。农村电商利用互联网将农产品与市场紧密结合，但农产品本身存在的季节性、周期性、地域性差异导致其在生产环节质量参差不齐，在加工流通环节缺少有效规范，在销售环节又存在很多不确定因素，这些问题都制约了农产品生产的规模化和标准化，使得产品辨识度不高、附加值较低，不利于品牌价值的打造。此外，偏远地区农村商户缺乏经营经验，品牌意识不强，加上线上线下宣传营销体系缺位，导致农产品网上销售的竞争力不足。农产品的自身特质以及商户的营销推广乏力都决定了未经整合优化的农业产业不能满足消费者升级的需求，农户生产经营的利润空间狭窄，农民徘徊在微薄利润的边缘，不利于实现脱贫致富和乡村振兴。

① 张战，李永红，桂莉. 中国农村竞争力［M］. 石家庄：河北科学技术出版社，2013：131.

4. 农村电商人才匮乏，配套培训缺位

我国农村网民规模在2018年已经突破2亿，体现出我国互联网在农村地区的普及度不断提高，农村电商的知名度和接纳程度也随之增长。尽管如此，农村电商产业生产、加工、销售、平台维护升级、财务、营销、推广等各个环节的技术型人才都处于紧缺状态。究其原因，一方面是农村部分地区偏远且落后，接受过高等教育或专业培训的内部人才流失严重，经济发展状况也没能对外部人才形成足够强大的吸引力；另一方面，农村留守劳动力受教育程度普遍较低，知识接受能力和熟练操作能力偏弱，为农村内部开展电商技术培训增加了难度。人才储备不足使得农民在从事电商产业时缺乏引导和协助，生产上盲从而脱离市场实际需求，经营上仍停留在家庭小作坊模式，销售上缺少新型的营销推广手段。在这种情况下，农村电商表面上令农村产业旧貌换新颜，实则并没有发挥其市场优势和技术优势，本质上未能变革农村经济的内核。

5. 农村电商资金缺乏，金融支持不足①

除了农村地区传统的落后因素，金融支持不足同样是农村

① 伍聪，曲一鸣．金融支持不足是农村电商新经济的掣肘［N］．经济参考报，2018-12-05（5）．

电商广泛开展的一大掣肘。这种支持的乏力既体现在金融的硬件设施条件上，也体现在各金融机构主体的创新能力、思想观念等软件条件上。

一是农村金融基础设施落后，对农村电商的金融服务缺位。

广大农村地区由于地理环境、历史遗留等因素，普遍存在着农业基础设施、物流配送网络及金融配套服务发展较慢的问题。而其中影响金融机构在农村地区发挥功效的最突出问题就是农村金融网点数量少且未能实现深入下沉。很多金融机构只将网点开设在县乡（镇）两级，未能深入下沉到村一级；部分涉农金融机构更是因为扁平化管理的需要，使农村的网点不增反减；此外，部分县域商业银行还存在着自主权少、授信额度小的问题。这种金融服务缺位的现象，令许多身处偏远地区的农民难以享受到普惠金融的便利，如存款提现、以整换零、小额贷款、小额理财等。服务缺位、设施缺乏的另一表现就是征信系统和风险机制的不完善。虽然金融机构的内部信用机制较为完善，但实现各机构间互通共享则有一定困难，机构各自手握一小部分信用数据，覆盖面极窄。而经济欠发达地区征信系统还处于起步阶段，金融机构难以获取农村贷款客户完整的信用信息；加之农村金融中介体系还有待进一步建立，政策性担保公司数量严重不足，致使农村金融风险补偿机制和风险分担机制亟待完善。

二是农村金融产品单一，支持农村电商的创新能力不足。

一直以来，银行贷款都是农村电商行业乃至整个农村市场最主要的融资渠道，可以说农村金融机构是农村经济发展的经络，但在实际支持上仍存在不少困境。首先，针对农村电商开发的金融产品较少。即便是在经济发达的江浙地区，农村电商融资仍然主要依赖银行传统类型的贷款，许多地区商业银行尚未开发电商类金融产品，不能有针对性地为农村电商汇聚资金。其次，农村电商创业者在贷款时的抵押担保方式单一，不少金融机构尚未将电子商务企业交易额、订单量、电商等级评分和信誉度等反映电商发展和信用水平的关键性变量纳入授信考核范围。“资产为先，信用在后”的观念占据主导，金融机构拥有资金实力，电商农户也不缺信用水平，但二者却不能有效结合，导致了农村电商贷款申请困难。最后，农村金融机构还缺少较为简便的贷款手续流程。烦琐的贷款过程包括客户调查、审批等诸多环节，漫长的等待时间极有可能贻误商机，不能及时为农村电商企业提供资金助力，阻碍了其进一步扩大生产经营规模。

三是农村金融供需信息失衡，对农村电商的服务意识传统。

从思维认识层面看，金融机构没有认清农村电商企业当前的市场定位及盈利前景，对农村电商企业的多种金融需求缺少全面准确的认识，普遍低估了农村电商市场的未来增长空间、增长速度。金融机构和农村电商企业之间这种信息不对称的现象导致农村金融机构对于农村电商业务依然保持着传统的服务理念，对于基础设施完善、产品服务创新等需求缺乏重视。这固然要归因于金融机构发展目标保守传统，对新产业新机遇未能及时更新认识、转变态度，但也要归咎于农村电商产业发展的弊病较多、根基薄弱。与电商产业巨头相比，农村电商企业普遍经营规模小、资金实力弱，且大批企业因缺少专业电商人才的指导还没有走上经营正轨，物流运输、产品质检、售后服务等多方面还需要正规化。这使得农村电商企业表面一派生机实则缺少有望在未来颇具影响力的大企业。金融机构与农村电商企业间缺少电商与金融人才从中沟通指导，也没能建立有效的信息交流平台，导致资源投入与需求不匹配，在很大程度上阻碍了农村电商的进一步发展。

四是金融科技普及推广受阻，对农村电商的支持动力疲弱。

电商的发展离不开新技术力量的支持，而在农村地区，互联网络、智能手机等设备普及率低，网络购物消费尚未形成习惯；金融专业人才缺乏、金融宣传工作力度弱又使得农村电商从业者对移动支付、互联网信贷等金融技术产品持不信任态度；尚待完善的金融消费者权益保护机制更使得农村客户在接受产品和服务时存在后顾之忧。这就导致了金融科技在农村地区的普及推广阻力较大。与此同时，金融科技企业自身也存在支持动力疲弱的问题。农村地区金融法律法规建设尚不健全，客户失信惩戒机制威慑力弱，金融消费违约案件频发却难以追责，令金融科技企业对全面扩展农村市场心存顾虑；且金融科技企业承受着追求利润最大化目标的压力，却还未能在农村电商市场探索出一种较为明确的盈利模式。亟待完善的法律机制和尚未明晰的盈利前景令人不禁怀疑当前各大电商巨头“跑马圈地”是否只是短暂的火热，欠缺长久的支持动力。虽然农村电商是实现乡村振兴战略的一大途径，但金融科技的推广铺陈仍面临着阻力强大而动力不足的困境。巧妇难为无米之炊，如不走出这些困境，农村电商所带来的营养就难以被全面吸收进中国农村经济。

作为中国经济最后一片亟待开发的市场，在政策东风吹走了覆盖多年的尘壤之后，“三农”市场裸露出来的是乡村地区广袤的供需需求和涌动着的经济活力。金融与电商，这两个相辅相成、息息相关的产业，正在新的时期、新的地区继续发挥能力，成就农村普惠金融与农村电商产业。而这两者在当下都面临着重要的历史机遇，紧密结合、相辅相成是其发展的必然趋势。作为农村电子商务发展的重要助推器，政策性金融机构、商业银行、金融科技企业都要有变革的勇气和准备，从基础设施、产品服务、创新能力、思维意识等多方面入手实施改革，为农村电子商务量身打造出一套健全的金融服务体系，让农村电商成为乡村振兴的最重要突破点。

总而言之，无论是资金、基建等硬件设施，抑或是人才、观念等软性环境，农村发展电商的先天条件都远逊于城市，农村电商想盘活农村经济无疑是任重道远。资金和人才是这场持久战的两大关键突破口，资金是交通、产业、平台等基础建设的直接动力，人才是农村电商长足发展的根本动力。如何将资金引入农村并实现有效配置，如何引进、留住人才并实现长期培养，是农村电商未来发展需要思考并解决的问题。

（三）农村电商重大布局：普惠金融

农村地区的金融服务体系在过去处于长期缺位、发展滞后的状态，不仅令农民难以享受到金融发展的红利，更在资金供给、资源配置、基建服务等方面严重制约了农村电商的广泛开展，成了农村电商推进乡村振兴的短板和掣肘。随着电商深入中国农村的步伐愈渐加速，其对农村金融的渴求也愈加强烈。2019 年 2 月，中国人民银行、银保监会、证监会、财政部、农业农村部联合发布《关于金融服务乡村振兴的指导意见》，要求切实有效提升金融服务乡村振兴的水平和效率，明确了金融服务乡村振兴不同阶段的目标，再次强调了金融担纲着乡村振兴战略助推器这一角色。政策的春风正一次次焕发农村金融涌动着的供需活力，农村普惠金融正从资金、基建、技术、观念等多方面推动农村电商助力乡村振兴。

1. 普惠金融全面助力农村电商发展

一是扩大金融供给范围，实现农村电商发展市场化。

随着“互联网＋”现代农业大方针的稳步施行，我国农村电商亦在国家“促进乡村产业振兴”的指引下进入了发展快车道，规模布局、体系建设等都有了更高远的阶段目标，与目标相匹配的平台搭建、经营管理等关键要素都有了更强烈的金融需求。农村普惠金融的发展可以扩大农村存量资金储备，金融机构对农村存量资金的积累保障了农村电商产业建设可靠稳定的资金来源；保险机构推出的各项新型涉农保险亦实现了农村电商生态系统对产业链中不同环节的风险分担。而普惠金融成熟的网络体系在农村地区扎根后亦能够促进农村存量资金的有效配置，因为金融机构在农村电商的发展中不仅是各项金融服务的提供者，还是资金良性传导的监督者。金融机构在主营产品、经营团队等方面对农村电商信贷需求项目的审批把关可以保证资金优先进入前景好、潜力大的优质企业，并淘汰掉生产动能疲弱、经营与市场脱节的落后企业，提升资金的使用效率，促进农村电商供给侧优胜劣汰的良性循环，实现对农村电商发展的市场化调节。

二是优化物流结算网络，推进基础设施建设系统化。

作为脱贫攻坚的利器，我国农村经营性道路建设已经取得了阶段性成果，日益发达的交通体系为农村铺建物流网络提供了坚实基础。农村电商的物流建设普遍为自建物流和第三方物流，但无论哪一种建设方式都需要农村普惠金融提供充足的金融支持以实现其在农村的深度覆盖。金融支持可以为农村物流网络构建提供有效的信贷担保和多元的融资渠道。金融机构通过农村联合保险和实物抵押等方式为农村电商的物流发展提供了有效的融资途径，并且其融资成本和风险都要远低于民间借贷。农村物流网络在支付结算方式上存在的资金流通快、流量大等特点所导致的问题，亦可以通过农村普惠金融提供的委托收款、移动支付及消费金融等服务来解决，这些服务满足了农村物流发展资金流动性和安全性的需要。考虑到农村交通基建、排险抢修等服务体系不完善，物流仓储配送面临道路事故、货物安全等诸多风险，物流企业进驻农村市场时往往瞻前顾后，在经营上亦会束手束脚。而金融支持中的各类保险业务有效地为企业分担了农村物流经营风险，使企业有了扩大经营规模、提高服务效率的信心。普惠金融在信贷、结算、保险等方面为农村电商物流设施建设系统化提供了强大支持，使农村物流服务实现与城市同等水平，促进了城乡协同发展。

三是提供网络技术支持，促进乡村产业运营信息化。

信息化的电商平台是农村电商生态系统的核心区域，而无论是自主平台模式还是合作平台模式，信息化平台的搭建都需要技术支持。相较于农村电商这一尚在培育中的年轻业态，农村普惠金融长期深耕“三农”领域，凭借互联网金融多年的经验积淀，已经在技术端颇具规模与优势，不仅可以为平台初期的搭建与推广提供尖端技术助力，还可以为平台落成后的维护与升级提供高效金融支付，优化电商平台的使用体验，有效提高消费者的购物满意度，在口碑和声望等方面为农村电商的发展提供软性支持。此外，伴随着平台交易的日渐增多，农村电商平台聚集了庞大的交易信息，农村金融机构则依赖自身积累的信贷信息实现与电商系统的信息流融合发展，通过对信息流进行双向的数据化整合处理，为电商企业制定金融决策、金融机构进行信贷审批提供依据和保障。普惠金融通过技术支持农村电商，既提高了“三农”客户的购物满意度，也缓解了农村信贷信息不对称的状况，形成了金融机构与电商平台互利双赢的局面，对农村电商信息化建设、乡村产业信息化运营具有重要的推动作用。

四是培养新型支付习惯，引领消费支付观念现代化。

农村地区一直以来都因为技术落后、观念守旧而保持着传统的支付方式和保守的消费观念，这阻碍了农村电商的深入发展。智能手机、移动网络在农村的普及使新型科技已经具备了广泛使用的客观条件，但守旧的观念仍难以在短时间内革新，因此成为农村电商推进乡村振兴的隐性短板。随着支付宝、翼支付等移动支付企业农村业务的开展，移动支付这一新型支付方式凭借其便捷、安全的优势开始得到农民的青睐，一些支付优惠活动更是起到快速推广的作用，移动支付正逐渐替代传统的现金支付方式。与移动支付一同在农村兴起的还有花呗、乡村白条等消费金融业务，其支用快、风险低的特点吸引了农村客户群体，既满足了农民的消费需求又减轻了农民入不敷出的担忧，将超前消费、信用消费等新兴的消费观念带入农村，这对“以当前可支配收入筹划消费”的传统认知产生了撼动。超前消费的观念活跃了农村商品经济，移动支付的习惯促进了农村电商发展，二者对农村思想观念进行的这场无声革命亦为乡村振兴战略的稳步推进铺平了道路。

农村普惠金融和农村电商在政策东风中已经从曾经的星星之火逐渐形成了如今推进乡村振兴的燎原之势，进入了融合发展的历史攻坚阶段。新阶段也对农村普惠金融提出了建设“深覆盖、多层次、高效率、适度竞争、风险可控”金融体系的更高远目标。在未来，普惠金融的助力一定不会囿于资金、物流、技术、观念四个方面，随着新型金融技术、业务及产品的推出，普惠金融在促进电商人才培养、探索农业期货期权、推动乡村企业上市、发展电商海外贸易等多个领域已经崭露头角，正为农村电商推进乡村振兴提供更强大的动力支持。

2. 构建“三位一体”的普惠金融体系[①]

《中共中央 国务院关于实施乡村振兴战略的意见》明确指

① 伍聪，曲一鸣. 金融体系“三位一体”推动农村电商深度发展［N］. 证券日报，2019-03-30（3）.

出：乡村振兴，产业兴旺是重点。近年来农村电商蓬勃发展，已逐渐成为推动农村产业兴旺的主力军和乡村振兴的新引擎。金融支撑仍然是农村电商发展的主要环节，银行、电商、新型科技企业三大主体把握历史机遇，凭借银行的线下布局和信贷支持、电商企业的平台运作和资金配给、科技企业的网络声量和潜在客户群，各自扬长补短，在农村电商与普惠金融的结合浪潮中担纲不同使命却又相辅相成，推动农村电商与普惠金融深度融合，形成三位一体的发展格局，引领农村经济的巨轮驶入历史新航道。

第一，以银行体系为基础，推动深度融合。

银行是三大主体中最早涉足“三农”领域的一方，在农村金融基础设施建设中发挥着基础性作用。在农村电商和普惠金融的融合浪潮中，银行体系的新型金融业务、自主电商平台也如雨后春笋般涌现，原本低效微利的线下网点亦因此重焕生机，银行在如今风起云涌的农村市场迎来了蜕变与新生。

一是依托银行线下优势，密集打造综合服务网点。相比于电商平台与科技企业，银行拥有数目庞大、运作成熟的线下网点，可以依托其自有平台满足农村电商和普惠金融的发展需求。如今，曾经服务功能单一的银行惠农服务点经过大范围改造，已经成为可以办理个人赋税缴纳、农村医保汇缴、生活缴费、理财产品购买、小额现金存取及金融知识普及的“一站式多功能”综合服务站。与电商企业的互利合作使得一些地区的惠农综合服务点增加了农村电商服务功能，成为“政府＋企业＋银行”协同助力乡村振兴的缩影。政企银三者具体合作方式体现为：银行为惠农点提供金融服务终端及服务人员，电商企业为惠农点提供交易平台、快件收发和物流中转等服务，政府部门为惠农点提供电商培训资源和政策指导。在政企银三方通力合作下，惠农综合服务点成为从线下打通农村电商“最后一公里”的重要蓄力点；银行也凭借长期深耕农村市场的优势，成为三方共筑“金融＋电商＋惠农”模式的关键一环。

二是自主搭建电商平台，推动农村地区全面“上网”。为更好地促进传统农业企业实现向电子商务领域的跨越式发展，以中国工商银行、中国农业银行为代表的大型商业银行双管齐下、多点发力，在改造线下惠农服务站的同时还纷纷自主搭建电商平台，例如中国工商银行的“融 e 购”以及中国农业银行的“农银 e 管家”。依靠这些平台，农村地区原本散乱分布、规模较小的经营群体汇集整合成上游供应端，通过平台发布肉蛋果蔬等农产品资源信息并将产品输送到下游消费端的城镇社区，同时借助互联网的传播能力快速积累知名度，带动农产品品牌化。银行还充分发挥桥梁纽带作用，与当地政府合作，选取并鼓励一批农村龙头企业由传统经营向电子商务转型，积极撮合其与国内电商巨头建立战略合作关系，并提供人员、技术和信贷等多方面的支持。通过银行自主搭建的电商平台，农村地区实现了全面“上网”，即农业产品的网上流转和农村商户的网上经营，有效地促进了农村产业结构调整和农村经济发展。

三是应用大数据新技术，创新信贷产品和风控手段。基于银行自建的电商平台，银行客户数据也随之丰富化，积累聚合成多维度的大数据，银行因此在农村电商领域实现了商品、信息、资金三位一体。面对轻资产的农村电商，银行因地制宜推出面向农村电商客户群体的信贷产品，这些信贷产品以主流电商平台及自建平台的注册商户为授信对象，基于大数据分析筛选出符合条件的商户发放小额贷款；银行还通过大数据分析主动向有潜在资金需要的客户推送授信方案，更好地满足客户的融资需求，助力企业发展。通过对平台商户商品的上架频次、更新速度、价格方案、买家评价和平台罚款等进行全面监控，大数据分析功能也可实现对平台商户的贷后管理和风险预警。在当前“数据为王”的新业态下，银行应充分发挥大数据应用价值，深度挖掘农村电商金融需求，将金融服务与农业经营相融合。

第二，以电商企业为桥梁，开拓农村市场。

我国电商产业探索至今已经积累了强大的资本实力、丰富的运作经验以及深厚的市场网络，在金融、技术、平台运作、线下运营等各个方面都取得了巨大成绩。二十年的发展积淀使得电商企业在“三农”领域已经可以独当一面，成为一股中坚力量。

一是电商平台扬长补短，服务中心搭载多种功能。电商企业凭借强大的平台优势和对市场信息敏锐的感知力，既可帮助农村供应链中的龙头企业深度拓宽产品市场，又直接对接厂家和消费者，减少代理环节以提高农村电商企业利润。规模庞大的线上平台是电商企业进军农村电商领域的优势所在，铺陈稀疏的线下网点则成为其渠道下沉的短板。基于此，以淘宝、京东、苏宁为代表的巨头企业不约而同将发展农村电商的先手棋落在了线下店的铺设运营上，搭建起涵盖商品展示、代客下单、物流配送、售后保障、人员培训、宣传营销等多种功能的乡（镇）村两级电商服务站。其中，淘宝服务站还衍生出了农村电商金融服务功能，包含助农存取款、金融知识普及、零售服务宣传、农村淘宝购销等多个维度的服务，全方位提高便民服务水平和服务效率。尽管运营线下店的形式有加盟和直营之分，但各电商企业无一例外都以乡村推广人员为重要抓手，从农村闲散劳动力中吸收人力资源经统一培训后上岗，这样不仅可以在乡村地区盘根错节的人情社会网络中开发潜在客源，还能够促进农民返乡创业就业，为农村电商提供充足的人力储备。

二是开发特色信贷业务，打通农村电商资金链条。2019年2月由五部委发布的《关于金融服务乡村振兴的指导意见》提出：要鼓励金融机构开发针对农村电商的专属贷款产品，建立健全多渠道资金供给体系，拓宽乡村振兴融资来源。目前农村金融普遍存在需求主体分布散、征信信息不完备、信用风险比较高的问题，这样的发展环境对于电商企业而言既是挑战也是机遇。淘宝、京东等电商企业通过自身数据积累及分析技术对农业信贷进行合理的风险评估与定价，针对不同地区和产业推出了京农贷、旺农贷等特色信贷产品，其无抵押、低利息、放款快的优点极大地满足了农民信贷需求，丰富了农村信贷市场。除了最主要的信贷业务，电商企业还在努力扩展金融服务范围，包括新型农业保险、消费金融、众筹、理财等新业务正稳步向农村推进，“三农”领域正呈现一个百花齐放的普惠金融市场。

第三，以科技企业为推手，实现革故鼎新。

相比于银行和电商企业，移动支付、短视频等科技企业兴起不久，是在当下青年一代中孕育并发展的年轻业态，代表着新经济的价值选择和资本取向。在农村地区亟待除旧布新的大环境下，科技企业凭借其网络影响力和资本实力，成为推动农村电商与普惠金融深度融合的新兴力量。

一是变革农村支付习惯，移动支付加速经济升级。农村地区居民长久以来都以现金作为最主要的支付介质，其对资金的存取程序力求快捷简便，对资金的支付使用注重安全便携。而智能手机的普及成了移动支付替代现金支付的最主要驱动因素，逐渐培养起的新型支付习惯有助于农村电商的深入推进。作为以移动支付业务为主营业务的金融科技企业，京东、翼支付等企业一端连接商户，一端连接消费者，是撬动农业经济转型升级的支点。移动支付企业通过和电商企业及银行的合作不断强化互联网金融服务的普惠性，以改善农村支付环境为切入点，结合自身优势和地域实际，帮助农户搭上互联网致富的快车，推动“互联网＋现代农业”的“三农”发展路子；通过线下服务平台为当地用户提供涵盖日常生活各个方面的便民服务，为农村地区提供广覆盖、可持续的普惠金融服务，发挥其运营商背景的独特渠道与资源优势，高效推动金融民生服务深入农村。

二是短视频创造性入局，内容消费驱动电商惠农。继银行、电商企业、金融科技企业之后，短视频领军的传媒科技企业凭借当下火爆的话题度和强大的传播力成为助推农村电商发展的黑马力量，独树一帜地开辟了“视频电商”这一模式。农户在哔哩哔哩这样的 UGC 平台上上传自制视频，从特色农副产品和新型农资用具中发掘看点，以短视频形式包装推出，吸引网络关注、培养潜在客源。因为新媒体这种丰富且具象的展现形式，可以在无形中增强视频受众的购买意愿，所以其成为一种低成本却高效新颖的营销方式。在短视频与电商的结合已经是大势所趋的背景下，快手等知名企业已经将目光聚焦于供需尚未饱和的农村电商市场，以视频内容消费为主要驱动，辅以线下基础设施和线上社交构建，开创“视频电商”和“社交电商”两大模式，多方面赋能农村电商，进一步推动农产品网上销售，积聚品牌效应。

总体而言，在乡村振兴计划由“优化改善‘三农’问题”向“互联网驱动乡村经济振兴”聚焦，参与主体格局由“政府机构主导”向“政银企共建”转变，经济发展模式由“粗放式互联网商业模式”向“深度互联网新经济模式”过渡的宏观背景下，农村电商与普惠金融的双向结合抓住了历史机遇期，应运而生。银行、电商、科技企业三大主体各显所长，共担使命，在利农惠民、催生新型业态的同时还倒逼原有产业转型升级，深入实现农村供给侧结构性改革。农村电商与普惠金融同频共振，相辅相成，共同活跃着农村经济的心跳，强劲着乡村振兴的脉搏。可以预见的是，随着5G时代的到来、新零售业态的兴起、区块链等新商业思维的全面渗透，当前三大主体共同主导的发展格局必不会就此定格，农村经济必将继续开启全新的商业格局。

农村电商是乡村产业兴旺探索途中开辟出的一条全新路径，目前正逐步形成国家政策扶持、地方资源倾斜、电商民企合作、普惠金融助力、基层广泛参与的多层次、全方位发展建设格局，而普惠金融无疑是农村经济这场传统模式与现代体系弈棋中的关键一子。作为“三农”经济核心的金融，在农村经济体系中扮演着供需两侧的桥梁，成了技术与创新的纽带。普惠金融在供给端为农企提供资本动力，在需求端为农产品消费者提供资金流支持，分担农村技术革新的失败风险，活跃农民创新创业的实践动力。通过提高农村普惠金融体系的质量和效率，可以有效驱动农村产业结构向科技、创新的方向转型升级，有效引导农村电商落地成长，以产业兴旺带动乡村振兴。

（四）农村电商发展趋势：弯道超车

在现有农村和城镇的二元格局下，在信息化进程中，若经济本就相对落后的农村地区再次落后于城镇，两者间就会形成新的发展差距，农村将面临经济发展和信息化进程相对落后的双重压力。这是挑战但更是机会。近年来国家针对农村信息化发展采取一系列扶持政策，这是农村地区一个难得的发展机遇。如何利用好电子商务这种新兴的商务手段，促进农村地区经济和社会的全面发展进步，实现赶超式发展，是目前摆在我们面前的一个重大现实问题。

首先，社会分工向纵深发展是经济社会现代化的发展趋势。新的科学技术革命不仅引出了开发农村资源的迫切需求，还提供了开发农村资源的技术条件。需求导向型的发展模式就是指以市场需求为中心，围绕市场需求来开发农村地区资源，发展优势产业，增强农村地区经济竞争力的发展模式。农村地区有许多特色产业，而这些特色产业需要强大的网络平台来支撑其发展。农村地区有两类突出的优势产业，一类是以农产品为基础的加工产业，另一类是以自然和人文景观、乡土风俗为基础的旅游产业及相关产业。多方面的原因导致这些优势产业多年来发展缓慢，其中最主要的原因就是交通落后、信息闭塞。只有大力发展电信、电视、网络等现代传媒手段和技术，才能为这些新旧产业提供一个多渠道、广角度、全方位、多媒体的信息网络交换平台，实现农村落后地区与国内外市场的信息沟通和相互协调。

其次，农村地区电商的发展能为其改变信息闭塞、交通落后的状况提供有利条件。农村地区落后的一个重要原因就是地域辽阔，而复杂的地形和不理想的地质条件又不利于完善交通路线等基础设施，因而消息滞后，反应不灵敏。过去西部各省区信息化建设特别是网络建设的进度相对缓慢，经济发展水平与加快信息化建设进程的需要之间存在着一定差距，信息交流的渠道不畅通。如今信息技术革命将西部地区与全国甚至全世界紧密联系起来，网络的发展缩短了人与人之间的距离，同时也拓宽了人们的视野。

最后，电子商务对资金、基础设施、环境的依赖大大低于传统经济，这一方面缓解了农村地区发展瓶颈对电商的影响，另一方面也削弱了城镇在这些条件上的相对优势。再加上电子商务时代知识的扩散效应和共享效应，便使得农村和城镇地区在网络经济条件下几乎处于同一起跑线上，有利于在最短的时间内选择出实现农村经济快速腾飞的最佳模式，进而实施跨越式发展战略。

第一章　西藏地区电商发展现状：总体分析

习近平总书记在中央第七次西藏工作座谈会上强调，党中央历来高度重视西藏工作，党的十八大以来，西藏工作面临的形势和任务发生深刻变化，我们深化对西藏工作的规律性认识，总结党领导人民治藏稳藏兴藏的成功经验，形成了新时代党的治藏方略。之前，中央第六次西藏工作座谈会指出了西藏新定位——“两屏两地一通道一前沿”，即西藏是重要的国家安全屏障、重要的生态安全屏障、重要的战略资源储备基地、重要的中华民族特色文化保护地和面向南亚开放的重要通道，是我国同西方敌对势力和境内外敌对势力、分裂势力斗争的前沿。西藏具有特殊的地理位置和独特的地缘优势，外连印度、缅甸、尼泊尔、不丹等国，内接云南、四川、青海、新疆等西南、西北诸省区，高山纵横，连绵不绝，平均海拔 4 000 米以上。

西藏独特的地理位置带来了其发展电商的独特优势。从区位来看，西藏是国家重要的“一带一路”和“孟中印缅经济走廊”建设地区。西藏地区共有21个边境县，对于建设国家面向南亚开放的桥头堡，积极发展跨境电商、边贸电商，做活边贸物流业，带动边民脱贫作用明显。从农牧区资源来看，西藏地区民族特色鲜明，有着得天独厚的自然风光和人文景观，民族文化旅游、民族手工艺品、藏医药、特色农牧产品加工业、绿色饮料业、高原饮用水等几大民族特色产业支撑起西藏电子商务发展的主体，冬虫夏草、藏红花、灵芝、红景天、人参果、青稞系列制品、牦牛肉干、奶贝等特产深受内地人喜爱，地标产品等区位优势明显。从发展潜力来看，西藏电子商务发展基础滞后，客观上为在电子商务中统一规划、集中发展减少了阻力。2017年，西藏网络交易额、网络零售额、实物型网络零售额等指标增速均高于全国平均水平，后发优势明显。

（一）西藏地区电商基本情况：稳定增长

近年来，西藏地区深入推进供给侧结构性改革，高原特色农牧业与全域旅游业建设取得新进展，藏医药与天然饮用水产业快速发展，公路、铁路、农网、电网、物流等基础设施建设加快推进，经济发展结构调优，内生动力快速聚集。在此基础上，“互联网＋”与社会各领域融合进一步深化，电子商务实现了快速发展。电子商务已经逐渐成为西藏促进农牧区流通产业发展、打通农牧产品上行渠道、助力农牧民增收致富的重要手段，成为助力西藏地区精准扶贫、精准脱贫和供给侧结构性改革的重要举措①。

1. 电子商务供给结构不断优化

近年来“互联网＋”与西藏社会各领域合作进一步深化，2017年全年，西藏电子商务建设成绩斐然：网络交易额累计实现93.65亿元，同比增长29.22%，高出全国平均值0.48个百分点，呈较快发展态势；网络零售额累计实现22.82亿元（见图2），同比增长59.80%，高出全国平均值26.01个百分点，亦高出网络交易额同比增速30.58个百分点，在网络交易额中占比24.37%，同比提升4.66个百分点，电商发展中消费驱动作用明显增强；网络零售中实物型伴随着全区特色优势产业快速发展，全年表现尤其优异，同比增长74.15%，同比增速在全国排名第二位，较全国平均值高出41.75个百分点，亦较网络零售额同比增速高出14.35个百分点，在网络零售额中占比60.12%，同比提升4.95个百分点；加之服务型网络

① 中国西藏新闻网. 西藏上半年网络交易额累计实现88.2亿元［EB/OL］.（2018-08-30）［2019-11-05］. https://www.sohu.com/a/250870189_266317.

零售发展潜力不断释放，同比增长 42.15%，较全国平均值高出 5.24 个百分点，两者共同促进网络零售额快速增长。从月度数据来看，2017 年 1—12 月月度网络零售额总体呈上升趋势，其中 11 月网络零售额达到 3.18 亿元，为全年最高（见图 3）。

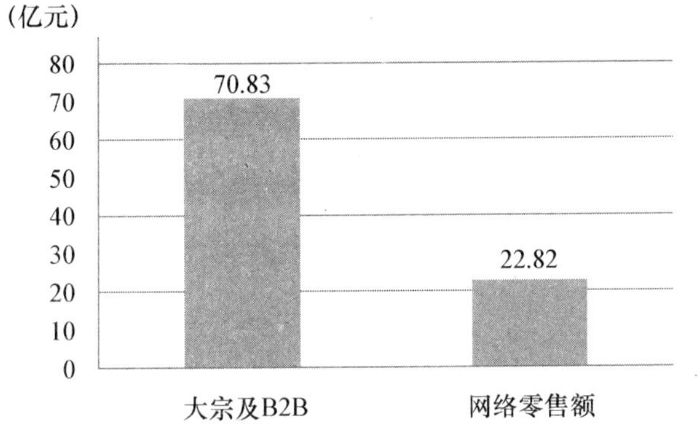

图 2　2017 年西藏电子商务整体交易情况

资料来源：根据笔者赴西藏自治区商务厅调研材料及西藏自治区商务厅官方网站（swt.xizang.gov.cn）有关数据整理所得。

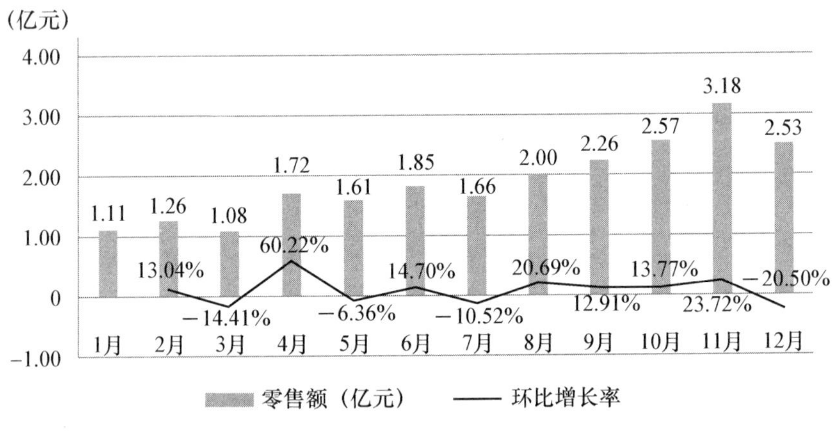

图 3　2017 年西藏电子商务月度网络零售额及其环比增长率

资料来源：根据笔者赴西藏自治区商务厅调研材料及西藏自治区商务厅官方网站（swt.xizang.gov.cn）有关数据整理所得。

2. 多点支撑空间格局快速形成

从西藏各地市看，核心引领、多点支撑的发展格局正快速形成。其中拉萨作为西藏自治区的首府，是西藏的政治、经济、文化和宗教中心，人口、资本、旅游资源等电商发展要素集聚，电商发展起步较早，加之区位交通物流优势的助力，2017 年全年累计实现网络零售额 16.97 亿元（见图 4），在全西藏占比 74.33%（见图 5），引领西藏网络零售发展；同年，林芝依托本地藏医药产业基础和丰富的旅游资源，藏医药电商和旅游电商得到良好发展，网络零售额全年累计实现 1.53 亿元，体量排名西藏第二位；那曲积极推动本地虫草、民族手工业等优势产业拓展线上销售渠道，同时大力扶持农村电

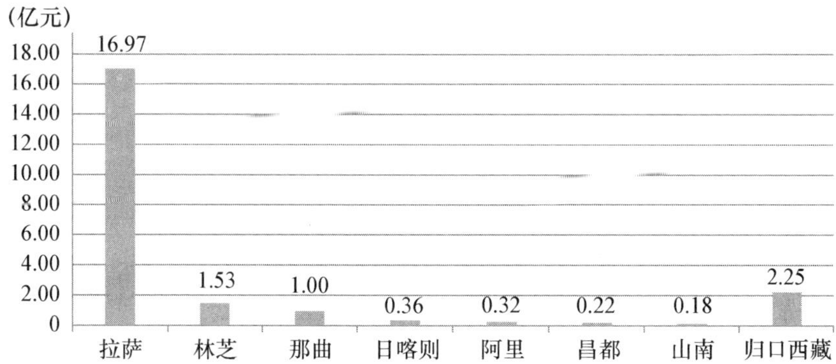

图 4　2017 年西藏各地市电子商务网络零售额

资料来源：根据笔者赴西藏自治区商务厅调研材料及西藏自治区商务厅官方网站（swt. xizang. gov. cn）有关数据整理所得。

注：部分调研所得数据未注明所属地市，现将这部分数据单独归类为“归口西藏”列于图末。下同。

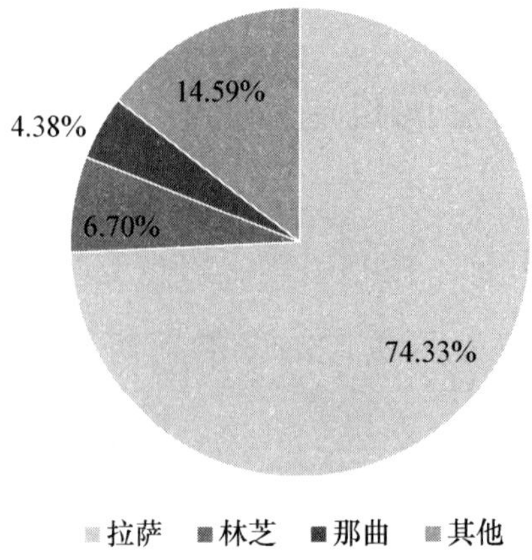

图 5　2017 年西藏各地市电子商务网络零售额占比

资料来源：根据笔者赴西藏自治区商务厅调研材料及西藏自治区商务厅官方网站（swt.xizang.gov.cn）有关数据整理所得。

商发展，以实物型为主导的网络零售额全年累计实现 1.00 亿元，体量排名西藏第三位。此外，日喀则、阿里、昌都、山南等各地市也积极推动其优势产业及特色资源加深触网，全年累计网络零售额同比均有提升，多地市共同促进西藏网络零售额快速增长。

3. 特色产业内生动能快速聚集

2017 年，西藏地区高原农畜业、民族手工业、藏医药与天然饮用水等特色产业持续拓展电商营销渠道，借助电商发展机遇快速转化为经济效益，助力实物型网络零售额全年累计实现 13.72 亿元[①]，同比增长 74.15%，同比增速在全国排名第

① 王茜．乘势而上，开创西藏“互联网＋精准扶贫”新局面［EB/OL］．（2018－06－21）［2019－11－05］．http://www.tibet.cn/cn/news/yc/201806/t20180621_5979926.html.

二位，较全国平均值高出 41.75 个百分点。

从西藏各地市看，拉萨实物型网络零售以食品保健行业为引领，在藏医药、天然饮用水、牦牛肉制品等多方面拥有一批竞争力较强的本土龙头网商，全年累计实现实物型网络零售额 10.78 亿元（见图 6），在全西藏占比 78.57%，对西藏实物型网络零售贡献突出；林芝实物型网络零售中松茸、红景天等藏医药、牦牛肉制品、墨脱石锅等本地特产线上表现不俗，那曲以虫草为代表的藏医药电商得到良好发展，全年实物型网络零售额分别实现 0.75 亿、0.66 亿元，在西藏分别排名第二、三位；日喀则食品保健行业和以藏香为主打的家居用品行业表现较好，实物型网络零售额居西藏第四位。

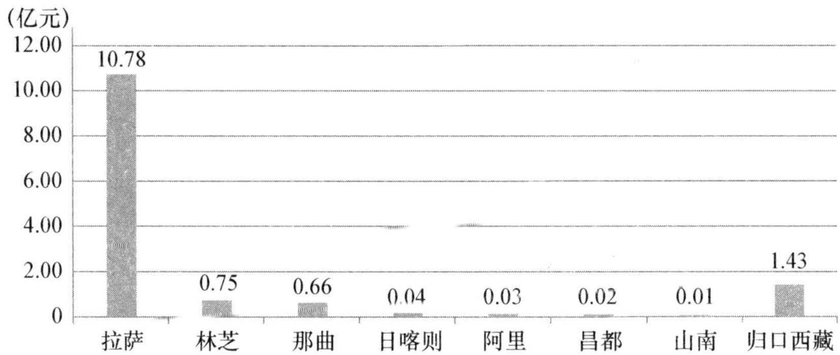

图 6 2017 年西藏各地市电子商务实物型网络零售额

资料来源：根据笔者赴西藏自治区商务厅调研材料及西藏自治区商务厅官方网站（swt.xizang.gov.cn）有关数据整理所得。

4. 实物型网络零售渠道持续拓宽

2017 年西藏实物型网络零售额全年累计实现 13.72 亿元，

在电子商务进农村工作持续深入与县乡（镇）村三级物流配送体系日益完善的发展背景下，西藏丰富、优质的特色农牧产品资源上行渠道持续拓宽，以藏禧堂、藏秘珍坊、皇草一族、卓玛泉为代表的本土知名品牌线上表现尤为亮眼，冬虫夏草、藏红花、结香花、冰川矿泉水等产品持续热销；西藏那曲藏民家、西藏宝丰堂、圣迪康食品等网商的表现优异，食品保健行业网络零售额为 11.09 亿元（见图 7），在实物型网络零售额中的占比达 80.83%，支柱地位显著。同时，西藏立足当地特色文化与优势资源，促进藏传佛教铜像、吉祥经幡、酥油灯、瓷砖填缝剂等产品持续触网，助力家装家饰行业全年累计实现网络零售额 0.65 亿元，在各行业实物型网络零售额中排名第二位，线上以东鹏绿家、金太郎、藏域密阁等网商交易最为活跃；此外，以女鞋、藏服、睡衣为代表的服装鞋包行业同样表现良好，全年累计实现网络零售额 0.55 亿元，行业排名第三位。

就食品保健行业内部市场占有率而言，从二级类目分布来看，以冬虫夏草、灵芝、枸杞、红景天为代表的滋补养生二级类目受藏香阁、易贡珍坊、劲草生物科技等企业网商的强势引领，在食品保健行业中保持着最大的市场占有率，占比达 73.77%（见图 8），藏禧堂、藏秘珍坊、皇草一族、藏家乐等网销品牌线上交易活跃，带动作用突出；以牦牛肉干、奶贝为代表的休闲零食与以藏红花、结香花为代表的茶叶冲饮，其市场

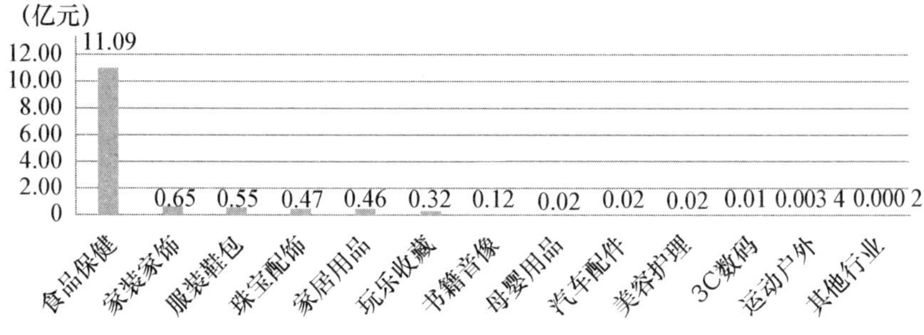

图 7　2017 年西藏分行业实物型网络零售额

资料来源：根据笔者赴西藏自治区商务厅调研材料及西藏自治区商务厅官方网站（swt. xizang. gov. cn）有关数据整理所得。

注：由于当地条件有限，调研所得数据未能统一修约至小数点后四位，现保留其原貌。

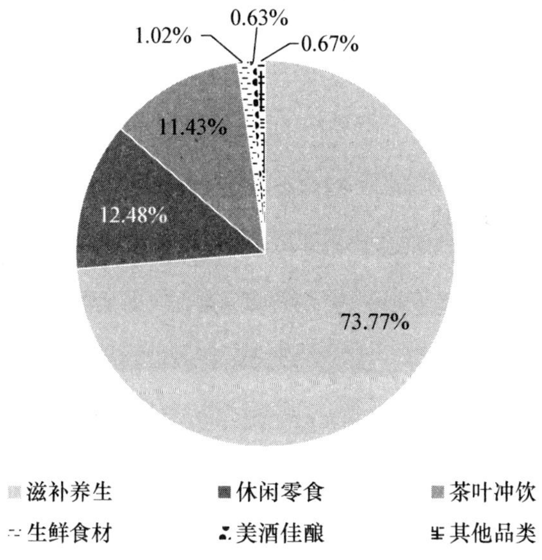

图 8　2017 年西藏食品保健行业网络零售市场占有率二级类目分布情况

资料来源：根据笔者赴西藏自治区商务厅调研材料及西藏自治区商务厅官方网站（swt. xizang. gov. cn）有关数据整理所得。

占有率在食品保健行业中分列第二和第三位；高原之宝、卓玛泉等网商在同类目网商中销量居前，反映出西藏当地的特色资源和特色产品，在日益完善的农村电子商务服务体系推动下，正逐步转化为经济发展优势。从地域分布来看，拉萨依托区位、信息、交通等方面的优势，逐步成为西藏全区重要的农副产品集散地，再加上当地日益浓厚的电子商务发展氛围与不断完善的电商服务基础设施，吸引了藏禧堂、藏秘珍坊等诸多龙头企业入驻发展，极大地促进了当地食品保健行业的快速上行，其市场份额在西藏全区中的占比达 80.78%，排名第一；那曲、林芝、日喀则紧随其后，其市场份额在西藏全区中分别占比 6.68%、5.47%、0.19%（见图 9）。

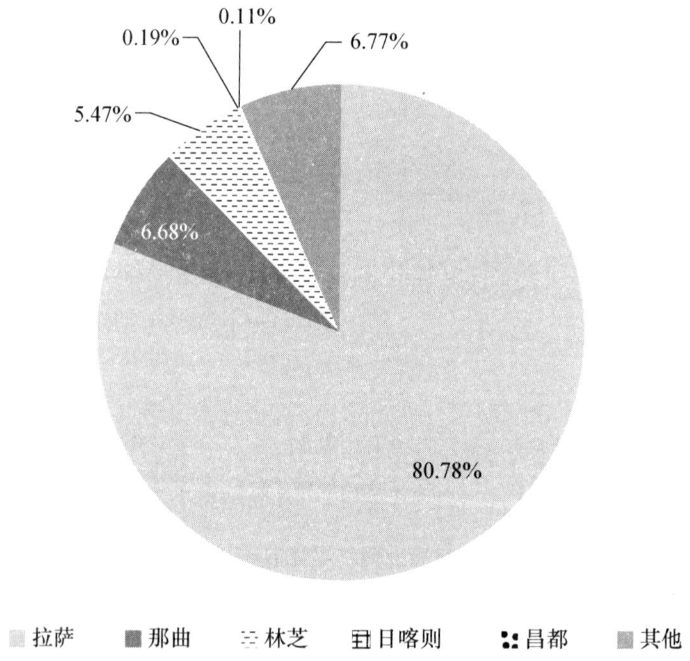

图 9　2017 年西藏食品保健行业网络零售市场占有率地域分布情况

资料来源：根据笔者赴西藏自治区商务厅调研材料及西藏自治区商务厅官方网站（swt.xizang.gov.cn）有关数据整理所得。

2017年西藏农产品网络零售额全年累计实现52 746万元；其中，在农村电商持续深入的背景下，草药行业立足当地日益完善的县乡（镇）村三级物流配送体系，促进冬虫夏草、灵芝、枸杞、红景天等名优特产加速上行，线上表现尤为突出，其全年网络零售额达到48 274万元（见图10），在农产品全行业网络零售额中的占比达91.52%，支柱地位明显；此外，蔬菜、茶饮两大行业同样有着良好线上表现，其网络零售额在农产品行业中分别占比3.68%、3.36%，其中木耳、松口蘑、藏红花、菊花等产品销量较好。

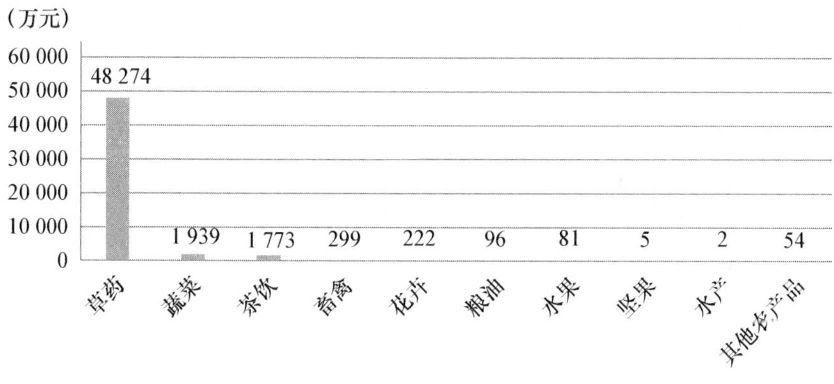

图10 2017年西藏农产品分行业网络零售额

资料来源：根据笔者赴西藏自治区商务厅调研材料及西藏自治区商务厅官方网站（swt. xizang. gov. cn）有关数据整理所得。

5. 服务型电商发展潜力持续释放

西藏地区作为全国旅游胜地，旅游资源得天独厚，高山、冰川、溶洞、湖泊等自然景观与布达拉宫、色拉寺等人文景观交相辉映；同时，伴随着旅游基础设施建设和开放水平的不断提升，旅游发展潜力持续释放。2017 年西藏地区各行业服务型网络零售额中在线旅游占比 81.89%（见图 11），引领自治区服务型网络零售额整体同比增长 42.15%，高出全国平均值 5.24 个百分点；其中拉萨凭借布达拉宫、大昭寺、罗布林卡等知名旅游景区和西藏旅客集散中心的区位优势，在线旅游表现突出，加之在线餐饮的促进，拉萨服务型网络零售额在西藏全区中占比 68.02%，对西藏地区服务型网络零售贡献突出；林芝巴松错、雅鲁藏布大峡谷、鲁朗，日喀则扎什伦布寺、珠穆朗玛峰、白居寺等旅游风景区同样知名度较高，线上口碑传播全年不断，促进林芝、日喀则服务型网络零售额在西藏全区中

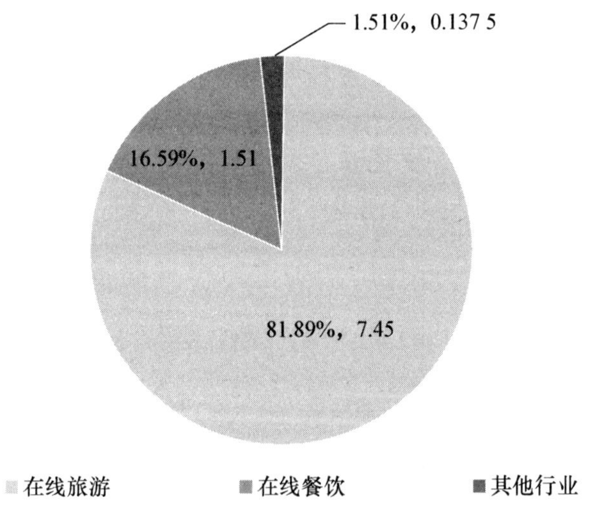

图 11　2017 年西藏分行业服务型网络零售额（单位：亿元）

资料来源：根据笔者赴西藏自治区商务厅调研材料及西藏自治区商务厅官方网站（swt. xizang. gov. cn）有关数据整理所得。

注：由于当地条件有限，调研所得数据未能统一修约至小数点后四位，现保留其原貌。

分别排名第二、三位（见图 12）。未来可在持续促进西藏旅游、餐饮等服务型行业加深触网，挖掘旅游产业发展潜力的同时，严守生态红线，使雪域高原的山山水水成为经济发展和民生改善的结合点，成为西藏经济永续发展的支撑点。

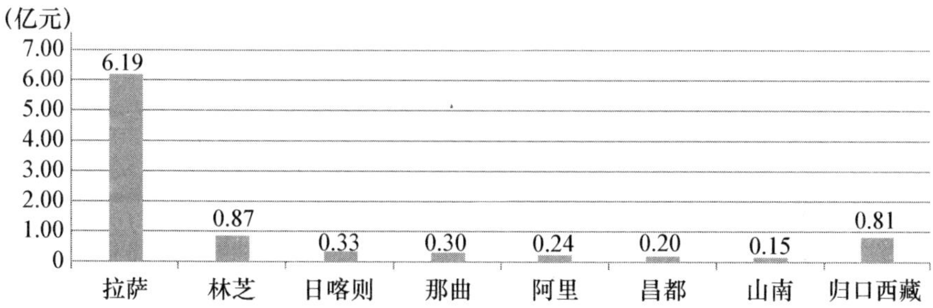

图 12　2017 年西藏分地区服务型网络零售额

资料来源：根据笔者赴西藏自治区商务厅调研材料及西藏自治区商务厅官方网站（swt.xizang.gov.cn）有关数据整理所得。

2017 年西藏服务型网络零售额全年累计实现 9.10 亿元，其中在线旅游行业全年累计实现 7.45 亿元，行业全年累计占比达 81.89%，对服务型网络零售额贡献较大；西藏围绕本地得天独厚的自然景观和人文景观，立足全域旅游发展理念，加快旅游基础设施和配套设施建设，促进以布达拉宫、大昭寺、纳木错为代表的绿色特色旅游景区大力发展，吸引国内外游客前来游览观光。同时，伴随着移动支付的快速普及，和以美团、百度糯米为代表的 O2O 餐饮互联网平台加速向区县纵深推进，以火锅、中餐为代表的传统餐饮品类商家积极拓展线上营销渠道，并持续丰富服务内容、注重口碑打造，团购券、代金券等线上产品持续热销，推动在线餐饮行业全年累计实现网络零售额 1.51 亿元，在服务型网络零售额中占比 16.59%，对服务型网络零售贡献同样较大。未来可持续完善“食、住、行、游、购、娱”旅游服务配套，推动生活服务、休闲娱乐等行业加深触网，充分利用旅游产业带动的人口红利，助力西藏服务型网络零售发展潜力进一步释放。

6. 网商类型分布逐渐优化

截至 2017 年底，西藏网商总数共计 30 193 家，其中服务型网商 509 家，平台型网商 6 家，其余均为应用型网商，占比达 98.29%。在应用型网商中，流通型网商比重较大，占比达 88.62%（见图 13），反映出西藏地区商品经销模式因其投入成本、仓储物流等方面的较强优势吸引到众多个人电商从业者入场，符合当前全国主流的网商特征。

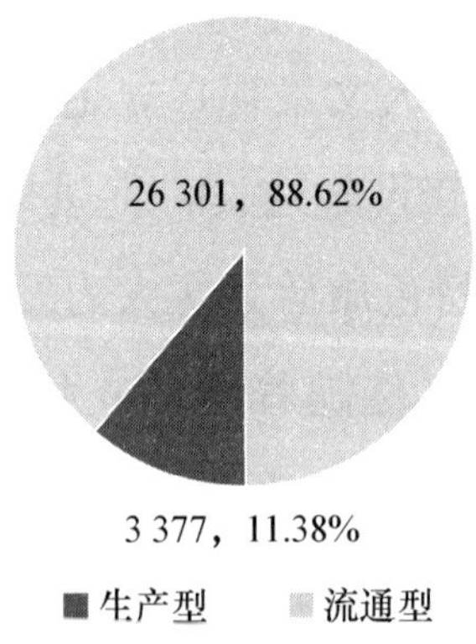

图 13　2017 年西藏电子商务应用型网商类型分布情况（单位：家）

资料来源：根据笔者赴西藏自治区商务厅调研材料及西藏自治区商务厅官方网站（swt. xizang. gov. cn）有关数据整理所得。

同时，值得注意的是，当地生产型网商在应用型网商总数中占比为 11.38％，对比全国平均水平（18.59％）还有一定提升空间。在未来发展中，一方面应当继续保持全区在基础设施、资金要素流动等方面的优势来保证经销优势，另一方面则可考虑鼓励本地生产商加深触网，实现渠道创新，充分发挥西藏优质特色农牧产品资源优势，激发电商产出内生动能，进而提升全区电商在全国中的竞争力。

（二）西藏地区电商发展条件：基本保障

1. 交通运输网络与通信网络初步形成

截至 2017 年，西藏地区综合交通运输网络已初步形成：全区公路通车总里程 8.9 万公里，青藏公路、川藏公路、滇藏公路和新藏公路形成的公路运输大通道将西藏与全国公路网连接起来；墨脱县结束不通公路的历史；全区共有 690 个乡镇、5 408 个建制村、11 759 个自然村和 1 730 座寺庙开通公路，500 个乡镇和1 811 个建制村公路实现通畅，行政村通公路率达 78.3％；青藏铁路全线建成通车运营，川藏铁路正式立项并开工建设，境内铁路总里程 955 公里；8 家航空公司执飞西藏航线，开通航线 54 条，通航 35 个国内外城市，拉萨、林芝、阿里、昌都、日喀则等民用机场运营良好。

2017 年，西藏地区 690 个乡镇全部通宽带；2019 年，实现 98%的行政村覆盖宽带。截至 2017 年，全区 4G 覆盖率达 88%，通电率达 86%，已具备全面开展农牧区电商工作的基本条件。

2. 商贸物流业逐步发展

截至 2017 年，西藏地区共有邮政局所 758 个，城市邮递线路 159 条，乡邮邮路 1 696 条，单程总长度 10.4 万公里；农牧区实现了“乡乡通邮”，行政村通邮率达 91.9%，包裹配送每周 1～2 次；共有公路货运站 8 个，经营物流业务的企业 422 家，商贸物流企业 230 家，从事第三方物流的企业 65 家；共有冷链仓储基础设施 16 个，其中，冷库容量在 1 万吨以上的有 3 个，0.5 万到 1 万吨的有 3 个，0.1 万到 0.5 万吨的有 5 个，0.1 万吨以下的有 5 个；“万村千乡”配送网点覆盖 90%以上的乡村。总投资达 9.45 亿元的拉萨综合物流园区已投入运营，集聚效益逐步显现；拉萨亨通物流园区保鲜冷藏库占地 5 850 平方米，年保鲜储存量达到 3 307 吨；青藏铁路那曲物流中心逐步盘活，日喀则综合物流园区建设进度加快；阿里地区、林芝市快速适应电商和便民利民需求，不断完善物流基础设施，健全物流分级网络。

3. 农牧产业基础不断完善

截至 2018 年 6 月，西藏地区共注册各类商标近 8 000 个，其中中国驰名商标 14 个，累计认证无公害农产品生产基地 22 家、无公害农产品 105 个、绿色食品 35 个、有机农产品 13 个，登记农产品地理标志 19 个①。天然矿泉水年产量近 80 万吨，年销量 70 余万吨；建设高标准农田 182 万亩，实施绿色高产高效创建示范面积 685 万亩，青稞年产量 70 余万吨；2014—2018 年五年间，帕里牦牛保护区、措勤紫绒山羊原种场等被评为国家级畜禽遗传资源保护区和国家级畜禽遗传资源保种场，类乌齐牦牛、象雄半细毛羊通过国家畜禽遗传资源委员会鉴定和新品种审定；19 家畜禽养殖场被确定为国家畜禽养殖标准化示范场，牲畜年末存栏稳定在 1 850 万头左右②，牛羊肉及奶类年产量 60 余万吨。

（三）西藏地区农村电商发展模式：初步评估

近年来，西藏电子商务快速发展，形成了具有西藏特点的

① 李鹏. 西藏农产品地理标志有望突破 20 个［EB/OL］.（2018-06-13）［2019-11-05］. http://m.people.cn/n4/2018/0613/c4049-11136331.html.

② 王菲，唐启盛. 西藏农牧业供给侧结构性改革成效显著［EB/OL］.（2018-03-02）［2019-11-05］. http://www.xzxw.com/xw/xzyw/201803/t20180302_2126915.html.

电商发展模式，通过探索“互联网＋旅游＋农特产品”运营模式、构建“互联网＋精准扶贫”扶贫格局、解决农牧区物流配送问题、扩展农牧区消费市场等创新，确保农村电商深入有序推进，取得了良好效果。

1. 探索“互联网＋旅游＋农特产品”运营模式

西藏境内旅游资源丰富。西藏地区在农村电商的发展中，重点打造“互联网＋旅游＋农特产品”运营模式，由农村电商企业提供思路和推广方式，旅游企业提供运营和游客体验支撑，探索以旅游为核心带动县域电子商务发展的有效手段，重点打造自驾游、骑行、高原极限挑战、帐篷宾馆等一系列具有特色和吸引力的旅游产品①。以“旅游＋互联网”“旅游＋文化”“旅游＋农特产品”“旅游＋电商建设”为连接平台，有机融合、系统规划，探索适合当地发展的“互联网＋旅游＋农特产品”的电商模式，以旅游带动当地农特产品销售。

2. 构建“互联网＋精准扶贫”扶贫格局

西藏地区在农村电商的发展中，始终把产业发展与精准扶贫紧密结合起来，从产业扶贫、创业扶贫、就业扶贫三大策略

① 刘欢．西藏建成9个县级电商物流配送中心［EB/OL］．（2018-01-15）［2019-11-05］．http://www.tibet.cn/cn/news/zx/201801/t20180115_5358183.html.

着手，构建“互联网+精准扶贫”的扶贫模式。通过推动农业产品、牧业产品和手工业产品等农村特色产品触网销售，提高产品的商品化率和电商交易率，增加农牧产品附加值，带动西藏地区农牧民创收、增收①。以山南市贡嘎县、阿里地区措勤县、那曲地区班戈县和昌都市八宿县四个典型地区为例，这四县被确定为 2015 年度国家电子商务进农村综合示范县。截至 2015 年底，这四个示范县农牧区的网络销售额达到 1 424 万元，其中农牧产品网络销售额为 1 406 万元，民族手工艺品和工业品网络销售额为 18 万元；农村电商的发展为当地群众创造了不少就业机会，仅措勤县一个县，2016 年全年，农村电商就为当地提供了农村电商推广员、物流配送员、司机、分拣员、仓库管理员等就业岗位共计 150 个；四个示范县通过免费为农牧民提供信息咨询、人员培训、网店建设、品牌培育、营销推广、代理运营等全方位的电子商务基础服务②，响应“大众创业、万众创新”的号召，建立以创业带就业、以创业带扶贫的“一创双带”帮扶机制，支持并帮扶农村居民开设 39 家网店，带动 80 余名群众创业③。

① 孙文娟. 农村电商为全区精准扶贫注入新活力新动力［EB/OL］.（2017－09－01）［2019－11－05］. http://www.xzxw.com/zhuanti/fpgj/fpxm/201709/t20170901_1949838.html.

② 刘欢. 西藏建成 9 个县级电商物流配送中心［EB/OL］.（2018－01－15）［2019－11－05］. http://www.tibet.cn/cn/news/zx/201801/t20180115_5358183.html.

③ 谢伟. 破解农牧区电商发展“最后一公里”瓶颈［N］. 西藏日报，2016－10－25（6）.

3. 重点解决农牧区物流配送问题

针对农牧区交通不便、物流配送滞后等困境，西藏地区，尤其是被选为国家电子商务进农村综合示范县的地区，通过建立县级电商物流分拨中心、乡镇为民综合服务站和村级服务点等站点，整合利用现有的电子商务、快递、邮政、供销等流通网络资源，破解西藏农牧区物流“最初一公里”和“最后一公里”的发展瓶颈[①]。截至 2016 年 11 月 30 日，山南市贡嘎县、阿里地区措勤县、那曲地区班戈县、昌都市八宿县四个示范县共建成并投入运营县级电子商务公共服务中心 4 个，乡级服务站 18 个，村级服务点 45 个，电商物流配送中心 3 个。

4. 扩展农牧区消费市场

西藏地区通过加强电商知识的宣传培训，提升群众上网操作水平；开展“网货下乡、农货进城”活动，为当地群众提供代买代购服务，解决农牧民“买难”问题，促进农牧区消费[②]。截至 2016 年 11 月 30 日，山南市贡嘎县、阿里地区措勤

① 西藏自治区商务厅. 对自治区政协十一届一次会议第 176 号（C类 026 号）提案的答复[EB/OL].（2018-10-31）[2019-11-05]. http://swt.xizang.gov.cn/xxgk/jyta/201905/t20190517_73325.html.

② 刘欢. 西藏建成 9 个县级电商物流配送中心 [EB/OL].（2018-01-15）[2019-11-05]. http://www.tibet.cn/cn/news/zx/201801/t20180115_5358183.html.

县、那曲地区班戈县、昌都市八宿县四个示范县共开展电子商务培训 26 期，累计完成城镇农牧民、待业青年、部队转业人员等电子商务培训 2 800 余人次①。通过新媒体、宣传栏、广告牌等形式，以“快乐养牦牛 轻松享网购”“电子商务就是好买卖不用四处跑”等宣传语为内容广泛开展电子商务宣传工作。通过培训、宣传共发展网民 8 000 余人，实现农牧区网购金额 60 多万元，有力带动了农牧区消费。

案例 1：电商企业带动西藏实现“互联网＋”

京东集团自与国务院扶贫办签署《电商精准扶贫战略合作框架协议》以来，通过产业扶贫、用工扶贫、创业扶贫、金融扶贫、公益扶贫等方式，实现“互联网＋”精准扶贫落地，全力推动贫困地区产品上行。2017 年 9 月 14 日，京东集团与西藏自治区人民政府签署“互联网＋”全面战略合作框架协议，双方充分发挥各自优势，在现代物流、商贸流通、数据服务、创业创新等领域加强合作，促进西藏产业结构转型升级。

根据协议，京东集团加快西藏电子商务物流体系建设，包括城市仓项目、区县配送体系和社区自提柜等零售基础设施建设，通过物流中转中心、京东帮服务店、县级服务中心、镇村综合服务站等提高配送效率。京东在西藏大力推进电子商务进农村和电商精准扶贫，着力打造具有西藏特色的农牧产品进

① 谢伟．破解农牧区电商发展“最后一公里”瓶颈［N］．西藏日报，2016-10-25（6）．

城、工业品下乡、农村金融助力等“互联网＋”解决方案。京东联合西藏自治区政府建立“中国特产·西藏扶贫馆”，为西藏提供农特产品电商销售平台，双方共同打造农特产品网上知名品牌。

同时，双方在“互联网＋大数据服务”方面展开合作，共同推进本地产业、社会公共服务平台建设，包括西藏旅游公共服务平台、医疗公共服务平台、教育公共服务平台等。双方在“互联网＋金融科技”方面展开合作，共同打造现代金融创新服务体系。京东金融依托京东生态平台积累的交易记录数据和信用体系，向西藏用户提供融资贷款、理财、支付、众筹等各类金融服务。

另外，双方还在“互联网＋医药”领域展开合作，加快推动医药卫生体制改革，积极促进医药电子商务发展。京东积极参与西藏自治区医疗卫生信息化建设，助推医疗卫生信息资源共享，配合当地政府及医药企业利用电子商务带动产业链上下游企业协同联动。双方在“互联网＋创新创业”方面展开合作，共建青年创新创业合作机制，支持农村青年借助京东相关平台进行个人创业。

长期以来，京东集团一直大力推动电子商务在西藏的业务发展。2011 年京东在拉萨开设西藏第一个配送站；2015 年 4 月京东开通在西藏的大家电配送服务；2016 年 8 月底，京东大家电实现在墨脱县、阿里地区等地的配送，率先实现大家电配送在西藏全覆盖；2017 年 5 月，京东在拉萨电商物流园区正式运营，京东在西藏的配送进一步提速，拉萨市区网购配送可实现“当日达”。

资料来源：根据新华网《京东与西藏达成战略合作“互联网+”赋能雪域高原》报道内容整理所得，http://www.xinhuanet.com/tech/2017-09/18/c_1121683415.htm，2019 年 11 月浏览。

第二章　西藏地区农村电商发展困难：基础薄弱

西藏农牧区电商尚处于发展的初级阶段，基础弱、起步晚、发展慢、规模小。其发展主要存在如下问题：

（一）西藏农牧区基础设施建设滞后

由于西藏地区道路、通信、网络、电力等基础设施相比我国其他地区建设缓慢，不能有效满足农牧区电子商务发展要求；同时，受地理环境和物流体系等因素影响，农牧区村民居住分散，市场体系不健全，县至村的物流统筹整合难度大，物流配送成本高，农牧区除中邮物流外，几乎无第三方物流企业。此外，物流配送的时效性较低，截至 2017 年 8 月，国内发往西藏地区的快递，通常都要先在成都中转，再通过航线或川藏公路进入藏区，整个过程通常耗时 7～14 天，其快递时效性大大落后于交通更为发达的中部、东部地区。而这个时效，还只是针对拉萨市、日喀则市、山南市和林芝市等自治区中交通较发达的市区，至于偏远的地理位置导致交通条件欠发达的阿里地区、那曲市以及边境各县区，商品运输配送便要耗费更多的时间[①]。特别是冷链物流供给能力差，县、乡两级几乎没有冷链物流企业，不适应农牧产品网络交易季节性、易腐性、品种多、品质差异大的特点。

宽带和移动网络亟须改善也是重要的因素。截至 2017 年 8 月，西藏互联网用户总数达 187 万户，互联网普及率为 59%，其中 25.5 万户居民使用固定宽带[②]。但与此同时，西藏地区还未实现 4G 网络全覆盖，且由于高海拔等地理条件的制约，藏区网络还存在掉线、网速较慢等问题。随着互联网信息形态日益丰富，电子商务的展示正在从以前的“文字＋图片”阶段升维至“视频＋直播”阶段，这对于网络基础设施的要求也会越来越高。都说“电商发展，网络先行”，促进西藏地区电子商务的发展，亟须加强固定宽带和移动网络的技术设

① 段文忠．西藏自治区农村电商精准扶贫问题及对策研究［J］．大理大学学报，2018（1）：38-42.

② 同①.

备研究和普及力度。

（二）西藏农牧产业发展水平相对较低

西藏地区整体产业基础相对薄弱，发育程度低、终端产品少，市场品牌竞争力不强，农特产品的产业化、品牌化程度不高。西藏农牧产品等特色产品上行面临的问题与内地相反。内地农特产品上行的困境在于产品供应链的后端，即产品的包装、营销、推广等问题，广大内地的地形地质等地理环境和产品生产差别较小，使得各省份特产同质化严重。而青藏高原独特的地理条件，以及藏区独有的民族传统文化，造就了西藏地区农特产品差异性大和辨识度高的特点，如冬虫夏草、青稞酒、牦牛肉、氆氇、藏香猪、糌粑等特色农牧产品，除了在青海省、甘肃省和四川省等省份的藏区有所分布外，在其他地区很难找到。西藏农特产品上行的问题不在于后端，而在于产品供应链的前端，农特产品“不愁卖，却愁供”的现象在西藏较为严重。以广受内地消费者好评的藏香猪为例，受西藏地区农牧养殖传统的约束，其养殖模式均为散养，农户无法提供大量货源以满足消费者需求，因此，藏香猪只能在规模较小且档次较高的市场供应，无法承担“双十一”一类的大型促销活动。

与此同时，西藏地区畜牧养殖和农作物种植主体仍以个体户为主，难以产生规模效应，本地少有农牧产品龙头企业和相关合作社。本地供应链前端规模效应的缺乏，造成了西藏地区农牧产品较高的电商交易成本，降低交易成本使贫困村民真正受益成为当务之急。

（三）西藏农牧区电商人才严重缺乏

近年来，国家尝试了如干部长期援藏、技术人才短期援藏和组团式援藏等多种形式来促进专业人员援藏，但目前公共服务、教育和医疗等岗位是援藏人才的主要集中地，而发展藏区电商所需的商业运营人才还相对缺乏。且西藏地区由于自然条件差、经济社会发展相对滞后，难以吸引电子商务技术和管理人才入藏长期工作。

同时，西藏地区开设电子商务专业的大中专院校、职业院校（高职和中职）寥寥无几，导致农牧区缺乏电商发展所需要的电商运营、摄影美工、电商培训等方面的专业人才。据调研，截至 2017 年，全区仅有山南市第二中等职业技术学校开设了全日制电子商务专业，且该校自 2016 年 9 月才开始招收电子商务专业学生。可以说，电子商务技能型人才的供应远远无法满足自治区对农村电商人才的需求。

（四）西藏农村电商发展氛围尚需营造

据调研，截至2017年，西藏地区尚未建立专门针对农村电子商务产业发展的资金、政策扶持体系，缺少对农牧区电商发展的规划；由于缺乏标准、品牌、质量认证等，大多数特色农牧产品不适于大规模市场推广；在线支付、金融、涉农信息服务等服务配套还不适应农牧区电商发展需求。截至2017年8月底，以西藏为注册地的天猫店铺只有47家，其中月销量大于100笔的也只有12家，而且有不少店铺的实际运营团队处于内地，整个自治区的电子商务规模比内地很多县区的规模还小。

除了电商发展的整体氛围，龙头企业也是藏区目前所稀缺的。虽然西藏七芝堂实业有限公司、山南顶级信息科技有限公司和西藏藏香阁商贸有限公司三家西藏本土企业入选了商务部2017年8月10日公布的《2017—2018年度电子商务示范企业拟入选名单》，但这三者无论是从网络影响力还是从线上经营规模来看，都与内地同批入选的企业有相当大的差距，并未真正起到龙头企业应有的示范带头作用①。与此同时，从农牧区

① 段文忠. 西藏自治区农村电商精准扶贫问题及对策研究［J］. 大理大学学报，2018（1）：38-42.

群众消费观念来看，群众消费大多依靠传统的商贸流通，多数农民、合作社和商贸企业对电子商务学习不够、了解不够，以致不会“触网”，不敢“触网”。

第三章　乡村振兴之一：农村电商如何使“农村更便”？

（一）大力构建农牧区电子商务服务体系

根据本区实际情况，西藏地区大力构建四级电子商务服务体系（见图 14）。四级服务站点层次清晰，分工协作，共同推动农村电商发展。

1. 构建地（市）级电子商务公共服务中心

西藏地区通过建立和完善地（市）级电子商务公共服务中心，引导各行各业围绕电子商务服务支撑体系进行资源整合与创新，统筹电子商务整体发展布局，服务于政府、企业及农牧

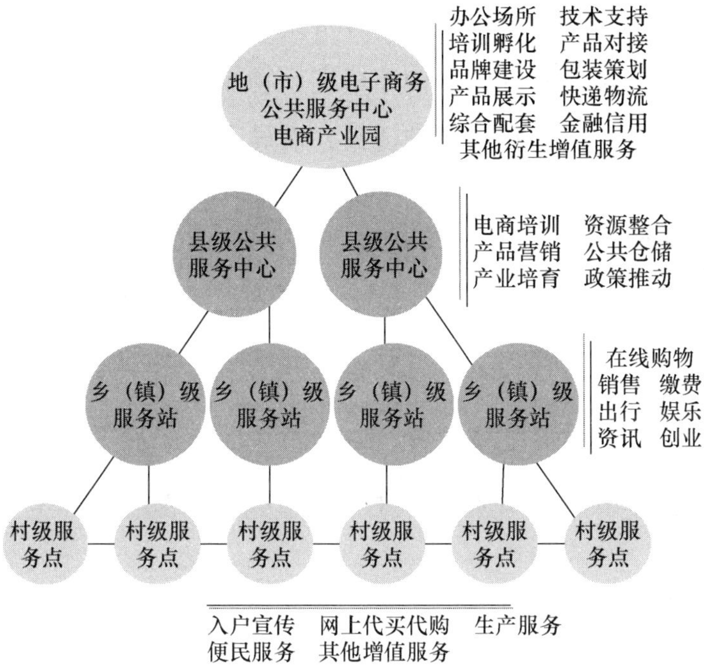

图 14　西藏电子商务四级服务体系示意图

资料来源：根据笔者赴西藏自治区商务厅调研材料及西藏自治区商务厅官方网站（swt.xizang.gov.cn）有关数据整理所得。

民，建设线上线下融合的公共服务体系——线上提供集政务、商务、事务于一体的信息化服务，线下提供办公场所、技术支持、培训孵化、产品对接、品牌建设、包装策划、产品展示、快递物流、综合配套、金融信用和其他衍生增值服务等，使各地（市）电子商务形成抱团合力、区域特点和优势。

2. 构建县级电子商务公共服务中心

依据地（市）级电子商务规划，由县级政府统筹建立县级电子商务公共服务中心，借此统筹全县电子商务整体发展规划与布局，整合各方资源，构建培训、物流、乡（镇）村服务站点、农牧产品营销和供应链体系，引导全县企业进行产业转型与发展，解决电子商务理念、创业培训、氛围营造、农牧产品销售、O2O农牧区消费等问题。提供公共仓储、代发货等基础服务；整合优质资源，建立工业品、消费品下行体系；加强品控，制定标准，培育产业，建立农牧产品供应链上行体系；推动政府制定相关配套政策，协助农牧业生产加工企业、农牧民经济合作组织、创业者、群众对接政府相关部门及第三方服务商[①]。

3. 构建乡（镇）级电子商务服务站

乡（镇）政府与县级电子商务公共服务中心共同选择有一定文化水平、创业意识较强的农牧区经纪人、创业青年、大学生村官等负责乡（镇）级电子商务服务站的建设与管理。通过乡（镇）级服务站建设，突破农牧区信息瓶颈，为农牧区群众提供在线购物、销售、缴费、出行、娱乐、资讯、创业等服务，方便农牧民生产生活，搞活农牧区经济。

---

① 商务部办公厅关于印发《农村电子商务服务规范》（试行）和《农村电子商务工作指引》（试行）的通知［EB/OL］.（2016－07－22）［2019－11－05］. http://www.mofcom.gov.cn/article/h/redht/201607/20160701366836.shtml.

4. 构建村级电子商务服务点

乡政府与县级电子商务公共服务中心、乡（镇）级电子商务服务站共同统筹构建村级电子商务服务点，鼓励村民充分利用农牧区商店、村民活动中心、农牧民专业合作社等资源，在每个具备条件的行政村建立1个农牧区电子商务体验店或服务点，为当地村民提供入户宣传、网上代买代购、生产服务、便民服务及其他增值服务。

案例2：西藏白朗县构建农村电商公共服务体系

白朗县位于西藏自治区南部，隶属于日喀则市，总面积2 489平方公里。2013年，白朗县总人口约5万人。白朗县城北距日喀则市区49公里，南距江孜45公里，日江公路横穿县城。白朗县辖11个乡（镇）、111个行政村，平均海拔4 200米，县城驻地海拔3 890米。2013年，白朗县生产总值达3.56亿元，一、二、三产占比为81.6∶2.8∶15.6，人均GDP为8 129.36元，社会固定资产投资完成1.34亿元。

（1）构建白朗县电子商务公共服务中心。

白朗县以县蔬菜公司院内旧办公楼为基础，进行县电子商务公共服务中心改扩建工程。工程于2017年7月正式开工建设，改扩建成占地面积400平方米的县电子商务公共服务中心。项目所有改扩建手续齐备，并选择日喀则圣雄建筑安装有限公司作为施工单位，2017年11月已完成全部改扩建和装修改造工作。公共服务中心包含展示中心、培训教室、创业孵化中心、运营办公室和摄影设计办公室等功能区，保障农村电商项目的顺利推进实施。2017年12月公共服务中心正式开放运营。

（2）建设农村电子商务网点。

白朗县电子商务乡（镇）、村两级网点均采取在现有的商业网点、便利店的基础上择优进行装修改造的措施，确保网点可以长期运营。截至2018年，已经完成11个乡（镇）级网点、34个村级网点的装修改造并展开运营。

（3）农村电商物流配送体系建设。

改扩建占地面积300平方米的仓库作为县级物流仓储中心、分拨中心，建立县乡（镇）村三级物流配送体系。与当地邮政、中通、供销社进行合作，充分发挥白朗县当地邮政、中通点多面广的特点，建立白朗县县域物流配送网络，通过物流分拨中心优化配送路线，集合乡镇服务中心及村级帮帮站功能，提高配送效率，降低物流配送成本。带动当地的邮政和商贸流通企业共同发展，打通物流配送“最后一公里”，实现物流的快速运输配送，3天内完成从县级物流仓储中心配送到村级网点。

总体而言，之前由于西藏交通不便，商贸流通体系不畅通，农牧民购买衣服、家电等产品价格普遍比内地高30%左右；电子商务服务站建立后，农牧民可以通过服务站等价购买网上的产品。

之前由于物流不畅通，农牧民自行在网上购买产品均需要额外支付每件 5～20 元不等的配送费用；农村电商服务网点建立后，由物流配送服务承接单位——白朗神州买卖提电子商务有限公司将包裹统一配送至服务网点，直接降低农牧民购买商品的成本。全县人口约 5 万人，通过上网购买商品的平均每年 1 万人，每年为每人节约 100 元，一年即可节约 100 万元；县域快递平均每月 1 000 件，每件为农牧民节省快递费 10 元，一年即可节约 12 万元。

同时，白朗县充分利用县蔬菜公司闲置办公楼，通过改扩建的方式建成县级电商公共服务中心（含公共服务中心、农特产品展销中心、创业孵化中心、培训中心等）、县级仓储物流分拨中心，有效节约资金，实现资金使用效益的最大化。在站点建设中利用“万村千乡”农家店、乡村便利店、农家书屋等原有资源，与农村电子商务村级网点建设项目结合，节约了成本和资源，也对该县传统商贸流通企业的转型升级起了一定的促进作用。

资料来源：根据笔者赴白朗县调研材料及相关新闻报道整理所得。

（二）逐步完善农牧区物流配送仓储体系

1. 加快物流节点建设

西藏地区为了加快本地区快递物流配送体系建设，进一步提高了重点物流区域、物流节点的组织化水平，以政府引导、市场导向、行业参与、资本运作、整合资源为核心，充分利用农牧区各种物流资源，形成集约效应。依托拉萨市物流园、那曲市物流园、日喀则市物流园建设区域级电商物流配送中心。拉萨市物流园辐射拉萨市、林芝市、山南市，那曲市物流园辐射那曲市、昌都市，日喀则市物流园辐射日喀则市、阿里地区。在林芝市、山南市、昌都市、阿里地区建设地（市）级电商物流节点，负责各地区物流的分拨、配送，各地结合交通、县域实际，在各电子商务示范县建设县级物流节点，辐射周边县（区）物流配送。在各县建设县级电商物流配送中心，负责县域电商物流配送资源整合、快递包裹配送。

2. 完善物流配送体系

西藏地区引导和鼓励有条件的物流企业、快递企业、货运企业在农牧区开展物流业务。拓宽电子商务服务中心、服务站点业务功能，实现快递包裹的代收、代发、代储。积极发展共同配送，鼓励有条件的电子商务企业自建或与物流企业、邮政公司、快递企业合作构建城际、城乡一体的综合配送体系。

3. 加快智能物流建设

西藏地区推进物流信息化进程，引导企业将全球定位系统

（GPS）、供应链管理（SCM）、管理信息系统（MIS）等先进技术应用于物流领域，鼓励引进第三方专业承办单位，搭建“消费品下乡、农产品进城”双向流通网络，加强物流信息化、标准化、专业化建设。建立智能物流信息管理系统，加强对物流信息资源的管理。建立农村物流信息管理系统，实现农村物流资源统筹、快递跟踪、实时查询、短信提醒等服务，并与国内“四通一达”、顺丰等物流快递企业合作，实现快递包裹信息查询自动对接，实现所有电子商务包裹全程可跟踪查询。

4. 建立多元化物流体系

鼓励大型商贸流通企业以供销社、快递公司、物流公司、邮政公司等为依托，建立区域仓储配送中心、自提点、便民服务网点，完善自营和第三方配送，加强社区和村组配送末端网络建设，建设县乡（镇）村三级物流配送网络。建立工业品、生活用品、农牧产品统一配送、统一仓储以及售后服务协调等支撑体系，实现县到村物流配送每周2～3次。

案例3：西藏比如县开展县乡（镇）村三级物流服务

比如县总面积11 286平方公里，辖8乡2镇，总人口72 912人。截至2017年，比如县已建成县级电商中心1个、乡镇电商示范服务站10个、村级电商示范服务点60个。2017

年，比如县电子商务网络交易额78.20万元，网络零售额26万元，网购金额52.20万元；累计帮助贫困户销售总金额11.75万元，带动贫困户就业人数491人；累计培训建档立卡人口491人次；村级电商服务点行政村覆盖率达到40%以上。

比如县建设物流配送中心，成立比如杰秀物流有限公司，与中国邮政那曲市比如县分局合作，并购买2辆物流用车。整合快递资源，开辟4条物流路线（比嘎线、比夏线、比扎线、比香线），与客运车、出租车服务行业达成战略合作。利用拉萨至昌都边坝县经过比如县的客车、比如县至那曲的客车、比如县城投公司的15辆出租车等班车或出租车每日班次稳定的有利条件，将货物及时运送到各乡镇。比如县实现了县内所有邮政快递及电商商品1～2天内送达，从拉萨寄出及从其他物流公司转寄中国邮政物流到比如县的包裹运费优惠15%的新物流模式，并且开拓创新，建设新型物流服务体系。

农村物流配送体系已初步发挥功能。比如县初步建立县域物流配送网络，优化配送路线，集合乡镇服务中心及村级服务点代办功能，提高配送效率，一定程度上降低物流配送成本。带动当地的物流和商贸流通企业共同发展，初步建立了县域物流配送体系，基本实现快递到乡镇，配送到村。针对农牧区“最后一公里”配送，实施电商企业与物流企业签订全面合作协议的举措，装修改造完成了电商仓储物流中心并投入使用，在一定程度上解决了部分乡镇的物流配送问题。

同时，选择在交通条件便利、地理位置较好、通信设施完善、基础设施完备的村级文化室及有经济合作社、人口密集的行政村建设村级网点，截至2017年，已完成60个创建农村电商示范村项目，建成60个村级物流服务点，方便农牧民网上购物和快递分发配送。村级电商服务点覆盖率达57.14%。

选择乡镇政府所在地及各街道中心区域，按照规范要求改造，配备相关设备设施，建成10个乡镇电子商务服务站、10个物流中转站、10个移动通信服务站（与中国移动合作），方便群众网上购物、缴费充值和快递分发配送。乡镇服务站覆盖率达100%。

资料来源：根据笔者赴比如县调研材料及相关新闻报道整理所得。

（三）着力解决农牧区“最后一公里”问题

西藏地区有效整合共享区域内物流配送资源，建立完善地（市）、县、乡（镇）、村四级物流配送体系，搭建面向农村的综合物流信息平台。整合乡（镇）、村级电商服务站点资源，实现由地（市）、县级服务中心到乡（镇）级站再到村级点的电商服务、物流配送一体化服务，解决“最后一公里”问题。

1. 打造公共物流配送的统一平台

坚持与县级电商公共服务中心合作建设、共同发展，整合利用仓储物流、商贸流通、供销、邮政、快递等各类物流配送资源，打造能容纳各种市场主体进行统一配送的县级电商公共物流配送中心。除此之外，鼓励和引导大型骨干物流快递企业在乡（镇）建立电商物流配送站，实现快递的仓储、分拨、自提等配送流程。以邮政、农村淘宝、京东、供销、苏宁易购等物流渠道为主体，以“一村一点”为目标，建设村级电子商务服务网点，努力打破乡村电商由乡（镇）到村的“最后一公里”物流瓶颈。

例如，西藏白朗县建设起了以乡（镇）、村级服务站点为基础，以县级仓储配送中心为依托，以中邮物流、中通物流体系为主导的覆盖全县 80%以上行政村的物流配送网络。村级电商服务网点建成前，白朗县所有的物流快递企业均无法实现村级配送，除邮政外没有第三方快递可以配送到乡镇，除邮政、中通外其他第三方快递配送到县城均需要收取每件 5～20 元不等的额外配送费用。通过农村电商项目实施，白朗县建立了覆盖 40%以上行政村的电子商务服务网点，无论是邮政的包裹还是其他第三方快递的包裹均可以通过白朗县物流仓储中心统一分拨后配送到农牧民手中，大大提高了物流包裹的配送效率，实现了每周配送 3～5 次，极大地提高了农牧民网上购物的便利性，同时大大降低了网络购物的成本。

2. 发展多元化的配送模式

建设自营的物流配送模式，鼓励和支持电商企业自行组建物流配送体系，同时对整个企业内部的物流运作进行自主规划、组织、协调和控制管理。目前主要有两种类型的企业建立了自营物流配送体系：一类是有雄厚资金支持且有较大业务规模的 B2C 电子商务企业，另一类是经营 B2C 电子商务网站的批发零售企业或传统的大规模制造业企业。在这两类企业本身已拥有的成熟物流配送体系的支撑下，进行电商物流配送的同时在原有基础上加以完善，基本可以满足本地电子商务物流配送的需求。在此基础上发展“自营物流＋消费自提/自营配送”的物流模式，这种模式使得企业在自主选择自营物流配送方式的同时，也发挥了现有渠道企业的优势和消费者的作用，例如可以利用社区店和便利店的业态进行创新。

3. 整合物流联盟开展配送

物流联盟即为了提高配送效率，同时实现配送的合理化，而在有物流配送需求的企业与提供物流配送服务的企业之间所形成的一种功能互补的物流配送联合体。电商物流联盟即为了实现物流资源和配送线路优化，达到减少运输成本、解决当下物流配送困境的目的，由多家电商企业与一家或多家物流配送企业合作，或者由多家为了实现长期合作而组合到一起的电商企业共同建立一个企业联盟，为联盟成员企业提供物流配送服务的一种合作模式。

4. 开发智能化物流信息管理软件

利用本地已有的物流资源，开发移动端适用的物流信息管理软件，支持物流服务提供方与需求方两种入驻身份，通过需方发布即时订单、供方根据条件选择接单达成合作意向，优化本地物流资源分配。

物流信息管理软件的内容架构如图 15 所示。软件提供录入、组织、维护、发布、查询、交流、定位等功能，方便合理配置供需资源，帮助需求方寻找到最合适的物流运输工具。支持资料录入功能，便于入驻企业完善业务信息，相互建立长期合作关系，提升软件的用户黏性，并可根据用户需求开发信息筛选功能，如通过考量运送的物料体积、质量筛选合适的运送车辆等。

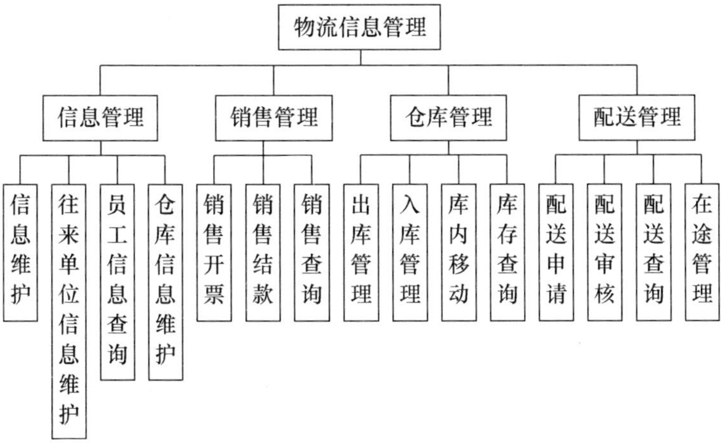

图 15　西藏电子商务物流信息管理软件架构示意图

资料来源：根据笔者赴西藏自治区商务厅调研材料及西藏自治区商务厅官方网站（swt. xizang. gov. cn）有关数据整理所得。

案例 4：西藏曲水县打通工业品下行通道

曲水县位于西藏腹地、拉萨河下游，地势低平。据 2017 年统计数据，曲水县面积1 624 平方公里，辖 6 个乡镇、17 个村，总人口 3.5 万人，耕地面积 6.67 万亩，林地面积 19 万亩，草场 160 万亩。2017 年全县实现地区生产总值 14.3 亿元，全社会固定资产投资完成额 46.08 亿元，居民人均可支配收入 12 612 元；建档立卡贫困户 1 190 户、4 187 人，其中 32 户、104 人未达到脱贫标准。曲水县优质特色农牧产品有食用菌、玛卡、玛卡酒、玛卡胶囊、玫瑰茶、牛蒡切片、黑青稞、黑枸杞、有机藏红花、雪菊、牦牛奶酪、藏奶果等。2017 年，曲水县电子商务网络交易额 63.79 万元，网络销售额 58.63 万元，网购金额5.16万元；累计帮助贫困户销售总金额3.1万元，通过电商带动贫困户就业人数12人，帮扶120多户贫困家庭，已有100多名大学生和外出打工人员回乡参与电商创业。发展农村电商的经济效益明显，项目资金的使用发挥了撬动效应。

据调研，农村电商对曲水县经济发展作用明显。曲水县打通工业品下行通道，方便农牧民群众生活。县域内总人口只有3.5万人，地广人稀，商贸流通体系不完善，农牧民购物存在不便。在农村电商发展过程中，曲水县首先解决帮助农牧民代买代购的问题，让农牧民切身感受到电子商务发展给他们生活带来的便利和实惠。例如，白堆村的农牧民想买家电，由于村里和乡镇商贸流通体系不发达，缺乏卖家电的商店，他们在村里和乡镇无法买到家电等产品，需要乘车20公里到县城甚至乘车到拉萨才可以买到，给农牧民生活带来极大的不便，同时极大地增加了购物的成本。曲水县在全县建立覆盖80%以上行政村的电子商务服务网点，免费帮助老百姓在网上代买代购小家电、衣服鞋帽等产品。县物流配送中心配置5台配送车辆，利用14个乡镇电子商务服务站、17个行政村电子商务服务点解决“最初一公里”和“最后一公里”的配送问题。通过将产品直接配送到老百姓手中，农村电商极大地提高了农牧民购物的便利性，让农牧民足不出村就可以买到想要的产品。同时，电子商务增加了购物的选择，让农牧民能跟城市人口一样买到质优价廉的产品，极大地提高了农牧民购物的积极性。

调研发现，农村电商还在各方面发挥了良好社会效益。农牧民之前对于电子商务几乎没有了解，很多农牧民从来没有接触过互联网，通过农村电商的推动，曲水县对农牧民进行电商普及培训，并大力进行电子商务氛围营造，让大量农牧民对于电子商务有了基础性了解，提升了农牧民群众创造幸福生活的能力。同时，农村电商让广大农牧民知晓、学习电商，了解电商，操作电商，在藏区农牧民中普及电商知识。农牧民之间团结互助，带动乡风文明，促进了民族团结及美好农牧区建设，使农牧区建设焕发新面貌。

资料来源：根据笔者赴曲水县调研材料及相关新闻报道整理所得。

第四章　乡村振兴之二：农村电商如何使“农业更强”？*

（一）西藏农村电商推动农业供给侧结构性改革

根据市场需求，西藏地区农村电商积极引进和培育适合网销的农特产品，倒逼农业产业结构调整，激发农村经济活力。

1. 开展农牧产品电商出村试点活动

西藏地区开展农业产品和牧业产品相关电商出村试点的活

* 本章根据商务部官方网站《商务部 农业部关于深化农商协作大力发展农产品电子商务的通知》整理所得。

动，在每个试点县至少选择一种农牧产品，加大与农牧产品分等分级、加工包装、物流配送、产品储存等相关的基础设施建设力度，统筹管理农牧产品的产品供应链，探索新的农牧产品电子商务销售模式和机制，集中实现农牧产品的商品化、电商化和品牌化。试点县要以当地的实际情况和人文需求为基础制定具体政策，引导和支持企业完善对农牧民的服务，探索构建农牧户和企业之间的一种新型利益连接体系，在保留农牧区原有特点的基础上，提升小农生产的集约化水平，通过分工合作将分散的农牧户纳入统一的产业化发展轨道，吸引广大农牧户深度参与社会分工，共享全产业链增值收益。

2. 打造农牧产品电商供应链

充分发挥“一地一业”“一县一品”政策的引领作用，在电子商务市场需求的导向下，立足农业牧业生产的地理人文等区位优势，依托益农信息社，带动分散农牧民和新型农牧业经营主体积极参与，努力实现当地农牧业生产的标准化和规模化，培养和引进一批适应电商发展趋势的相关专业运营公司和农牧业产业化优质龙头企业。以这两者为主体，紧跟市场需求变化以及区内外产业发展趋势，带领农牧民和新型农牧业经营主体研究开发能够满足消费者多样化需求的不同产品和品种，促进农牧产品加工业的发展，延长产业链，增加农牧产品附加值。加速推广农牧业生产智能管理和服务平台，实时监控测评和报告农牧产品的生产规划、实际产量、销售数量和库存量等信息，实时反馈对应市场行情数据，为农牧产品生产和销售提供智能决策参考，提高农牧业生产销售对接实时市场需求的能力。

3. 推动农牧产品产销衔接

加强与社区蔬菜直销店、直销车的合作，建立农牧产品社区直销点，加强与传统鲜活农牧产品零售渠道的合作，开展农牧区农场、牧场会员制、众筹等销售模式探索。鼓励有条件的农牧产品加工流通企业、新型农牧业经营主体与电商企业进行全方位对接合作，在委托农户生产、订单农牧业等模式的基础上，构建长期稳定的产销关系。组织电子商务平台企业开展产销对接的活动，以促进“一县一品”、“三品一标”和特色农牧产品优势区的产品的线上销售为重点。支持农牧产品批发市场发展电商。加大对农牧产品滞销和“卖难”舆情的监测力度，建立应急促销联合工作体系。

案例 5：西藏芒康县推动农特产品上行

芒康县交通相对比较便利，是滇、川进藏第一县，国道 318、214 线在县城境内交汇后内连昌都、拉萨，外接成都、昆明，每年有大量的游客通过芒康县进入西藏地区旅游。芒康县自身拥有茶马古道、千年古盐田等众多绝无仅有、独具特色的旅游资源；拥有多家农牧产品生产龙头企业，及多个农产品地理标志登记产品，并通过招商引资在芒康产业园内入驻20余家企业，为县域内电子商务发展打下了良好的基础。2017年，芒康县共有常住人口10.7万人，地区生产总值20.6亿元、社会消费品零售额4.5亿元、居民人均收入8 780元。2017年全年，芒康县已有544户、2 820人脱贫，截至2017年底，在档贫困人口为23 939人。截至2017年底，芒康县电子商务网络交易额累计达到338.16万元，其中网络销售额49.00万元，网购金额289.16万元；累计帮助贫困户销售总金额0.19万元；带动贫困户就业人数6人；累计培训建档立卡人口134人次；村级电商服务站覆盖率达到41%。

截至2017年底，芒康县藏东电子商务有限公司已将芒康县31家涉农企业、手工艺企业和19家农牧民专业合作社的企业及产品信息存档，并编制完成《芒康县农特产品及手工艺品收录手册》，同时上传到芒康县电子商务公共服务平台，建立线上产品样品库。打造并设计“善妙芒康”区域公共品牌VI体系，并制作成芒康县区域公共品牌VI手册，设计元素已应用于村级服务点、县级公共服务中心等地。对芒康县优秀农特产品进行包装升级，截至2017年底，已完成50款农特产品包装设计图稿，其中20款产品已完成实物打样，并上线销售。

农特产品原产地溯源平台已建设完成并投入使用，截至 2017 年底，共有 7 家企业、18 款产品入驻溯源平台。爱西藏平台·特色芒康频道于 2017 年 3 月建设完成并投入运营。搭建运营芒康县电子商务公共服务平台，芒康县电子商务公共服务中心微信公众号持续运营中。服务中心在县域内各主要乡镇，国道 318、214 的主要路口和其他重要路口悬挂电商宣传横幅，同时在两条国道的主要路口还竖起了户外广告大牌。藏东电子商务有限公司为芒康县新开京东店铺 4 家，并为其提供摄影设计、在线运营等服务。

爱西藏平台·特色芒康频道主要销售芒康县特色农牧产品，共收录产品 56 款，累计销售芒康特色农牧产品 2 100 余份，累计销售金额 21.9 万元，其中索多西辣椒酱、藏东蜂蜜两款产品最受消费者欢迎。同时，芒康县电子商务公共服务中心通过与拉萨地区的成熟网商西藏南木林进行合作，在 2017 年 7—9 月芒康松茸上市之际，借助淘宝店铺西藏南木林尝试进行芒康生鲜松茸销售，近三个月累计销售芒康地区新鲜松茸 155 份，销售金额达 25.9 万元；参加线下展销会 2 次，包括为期七天的昌都市第三届三江茶马文化艺术节线下展销会，以及由国家商务部和农业部联合举办的 2017 全国农商互联大会，实现线下销售金额约 7 万元，线上线下累计销售 54.8 万元。

资料来源：根据笔者赴芒康县调研材料及相关新闻报道整理所得。

（二）西藏农村电商推动农牧生产科学发展

1. 提升农牧产品互联网上行的综合服务效率

将农牧区电商发展的重点进一步汇聚至农牧产品上行，建立健全农业产品和牧业产品供应链管理机制。支持农村电子商务发展县区加大对资金、人才和技术的投入，充分发挥益农信息社、电商公共服务中心、行业组织、龙头企业、农牧民合作社和专业运营公司等相关机构的优势，提高资源集成和整合能力，为农牧产品的生产及物流配送企业提供从畜禽良种、粮食种子和原材料供应，到兽药、农药、饲料、肥料、田地管理和产品质量管控，以及农牧产品加工、包装、物流配送、商品储存、营销规划和金融保险等产业链一条龙服务。助推传统农业牧业企业转变生产方式，提升产品包装和设计能力，增加产品附加值，提高农牧产品的商品化率和线上销售比例①。

2. 强化农牧产品大数据分析与应用

引导农牧产品电子商务出村试点县区通过政府购买服务等

① 《甘肃农业》编辑部. 突破制约 健康发展［J］. 甘肃农业，2017（21）：18-20.

途径，推广普及大数据技术应用，利用动态分析农牧区和农牧产品市场两者的变化，助力企业精准实施对应策略，支持个性化定制和柔性化生产的销售模式，满足各类消费者的差异化需求，为深入开展农牧业商品流通服务及商业模式创新打好基础。带领农牧产品电子商务出村试点县区，对当地农牧产品种类、数量、质量、上市时间和相关企业及其资质等进行全方位调查，实时对接互联网线上交易数据，增强市场信息传导效应，制定有针对性的优势产业电商发展规划。

3. 大力培育农牧产品品牌

以现有农牧民合作社、地区优势企业和行业协会为基础，打造藏区农村地域特色农牧产品品牌，引入电子商务改造完善传统特色优质品牌，把有地方特色的小品种和土特产改造成能带动农牧民增加收益的大产业，加强对品牌的管理，提升区域品牌的传播力度和美誉度。统筹推进优势区域的特色农牧产品品牌建设，支持电商企业加大宣传推广力度，通过数据分析，在网络销售数量、消费者评价和投诉等数据的基础上，共同培育一批消费者满意度高的特色农牧产品品牌和农牧业企业品牌。鼓励农牧产品电子商务出村试点县区充分利用食品卫生、质检和市场监管等政府部门资源，支持优质龙头企业、家庭农场和农牧民合作社等新型农牧业经营主体以及个体农牧户申请生产、流通许可证并注册商标、培育优秀品牌等，着力简化相关程序，尝试统一提供技术设备和场地等条件。

案例 6：电商企业助力西藏日喀则打造特色品牌

日喀则地区有藏红花、藏香、藏酒、藏毯、唐卡、特色种养殖以及旅游等丰富的高原特色资源。如何推动特色产品走出高原、走向全国，这是摆在电商企业和地方政府面前的重大难题。2017 年，京东结合日喀则电商实际情况和脱贫攻坚需要，找准市场主体，构建产品体系，开通京东日喀则特产馆，积极联系多家日喀则名优企业入驻，促进农牧产品上行，推动产业结构转型升级。

同时，京东商城为日喀则企业开启了入驻绿色通道，目前已累计上线高原特产、旅游住宿等产品 2 000 余个。除了开通入驻绿色通道外，京东还为商家提供免费秒杀、众筹、流量支持等，协助特产馆整合产品、统一营销，帮助日喀则企业打造和提升品牌知名度。此外，京东还联合日喀则市有关部门，在日喀则地区定期开展多种形式的电商培训班，计划每年为当地培训 2 000 人次，提升企业的电商意识和运营能力，推动大量西藏本土企业和优势特色产品通过京东走向全国。例如，日喀则藏珍源特产有限公司，主营冬虫夏草、藏红花、野生灵芝、天麻等名贵西藏药材，牦牛制品、青稞制品、牛奶制品等西藏农牧业制品，各类藏族饰品，尼泊尔、印度小商品，等等。藏珍源2017年入驻京东商城，开拓线上销售渠道，先期上线了13个本土特色商品，上线3个月销量增长幅度达800％。

资料来源：根据搜狐网《京东在日喀则召开招商会 让西藏特产通过电商平台走出去》的新闻报道内容整理所得，2019年11月浏览。

案例7：西藏白朗县加强农特产品品牌培育

白朗县通过建设县乡（镇）村三级公共服务体系与物流配送体系、开展电商人才培训、开展农特产品品牌培育和全网络营销等做法，推动农村电商工作。2017年白朗县电子商务取得了一定的发展，全年电子商务交易额31.25万元。农副产品、民俗产品及乡村旅游收入超过1 000万元，其中网络销售额为10.55万元。整合快递企业2家，全县快递月均收件量近1 000件，月均派件量约400件；行政村宽带网络覆盖率已达96％；村级电商服务点行政村覆盖率达到40％以上。

白朗县委、县政府积极推进“五彩天域、有机白朗”的地域公共品牌申报、建设工作。白朗县电子商务公共服务中心开展了特色品牌培育工作，集中精力对牦牛肉、藏红花、青稞食品等特色农产品开展品牌挖掘、策划、设计、展示、网络推广及销售，截至2017年底，已申请注册了“朗朗青源”“星辰藏玥”两个县域公共品牌。电商公共服务中心力求线上线下双渠道开展白朗县农特产品及农牧民手工艺品的推广工作，截至2017年底，白朗县首批民族手工艺品（藏靴、藏装、唐卡、牛皮画）的收集整理工作已经完成，并初步成功地在线上线下进行推广。此外，电商公共服务中心还搭建白朗县农特产品原产地溯源平台，针对果蔬、民族手工艺品等特色产品提供免费溯源服务。白朗县电子商务公共服务中心利用“互联网＋”的运营模式，进行农村电商第三方平台运营体系建设，通过线上销售当地农特产品，探索全网络营销渠道，其依托第三方平台搭建的神买网超店铺、苏宁店铺、京东店铺已经全面上线运营。

资料来源：根据笔者赴白朗县调研材料及相关新闻报道整理所得。

（三）西藏农村电商带动农牧产业升级改造

1. 健全农牧产品质量安全监测和追溯体系

加速建立健全运行高效、职能明确、布局合理、功能齐全的农牧业产品质量安全监测体系。助推农牧业产品质量安全监测机构和新型农牧业经营主体、农牧业生产和物流配送企业、电子商务平台以及追溯技术服务企业等相关方加强交流合作，鼓励农业和牧业产品电子商务出村试点县区在农牧区电子商务公共服务中心、地方优质龙头企业、专业运营公司、农牧民合作社和农牧产品电子商务产业园等地建立快速检测点，为农户和企业提供更加高效且便捷的农牧品质量检测服务。注重生产和流通两个环节追溯工作的衔接，加速建设国家农业和牧业产品质量安全的追溯管理信息机制，支持相关企业提供质量安全追溯服务，逐步构建“从田间到餐桌”的全过程可追溯机制。

2. 开展农牧产品电子商务标准化试点

构建和完善农业和牧业产品质量分级、采后处理、包装物流和产品追溯等标准机制以促进农村电子商务发展，以农业和牧业产品电子商务出村试点县区为依托，以电子商务平台和优质龙头企业等为主体，针对试点产品种类统筹制定地方标准和企业标准。在遵照线上销售有关法规要求的前提下，针对当地的特色优质产品，根据产品形态、包装方式、物流储存条件以及相关业务程序等内容，规定产品标准框架和技术要求，健全标准化的流通器具和操作要求，因地、因时制宜，出台便捷适用且易于操作的操作准则和业务流程。鼓励较为标准化的农牧业产品探索开展互联网现货交易和竞价拍卖等创新型销售活动。

3. 加强监测统计和调查研究

探索构建一个能与电子商务企业实现数据信息共享的体制

机制，建立和完善农牧业产品电商监控检测及统计制度，发布实时运行消息，充分发挥信息的引领作用。加大对县乡村三级电商平台服务体系以及物流机制构建和运营情况的监测力度，切实发挥乡村电子商务服务站的作用，比对互联网线上数据和线下实际情况，及时精准掌握和汇报本地网商数量、发展规模和经营状况等。组织开展针对农牧业产品电商经营情况的调查和研究，快而稳地解决当下的困难和难题，将经受住实践检验的好模式和好机制推广开来。

4. 实施农牧区电商带头人计划

加大相关职业人员培训和电商人才培养力度，充分利用现有的农牧民手机应用技能培训、农牧区实用人才带头人培育、新型职业农牧民培训以及返乡下乡人员创新创业教育培训等培训项目，发挥农村电子商务发展和信息进村入户的政策效用，针对创业就业人员、农牧民合作社成员、电子商务转型企业和政府部门工作人员等不同人群开展技能技巧、电商理念以及基础理论等不同类型的培训。构建基础型公益性质职业培训和强化型市场化培训相结合的可持续发展机制。完善对被培训人员的后续跟踪服务，为被培训人员提供后续的实践支持和再教育，保证培训的效果。

案例8："西藏好水"融入电子商务后卖到全国各地

西藏的矿泉水素有"西藏好水"的美誉，是珠穆朗玛峰山顶的冰雪融化后渗入地下，经矿化、地心加热后自涌上来的天然泉水。一直以来，因地理环境和交通条件等原因，"西藏好水"有种"养在深闺无人识"的无奈，销售渠道单一。2017年7月，珠峰冰川正式在京东开设了旗舰店，仅一年的时间，其在京东的线上销售收入就实现了150倍的增长。2018年4月，珠峰冰川全面使用京东物流服务，将仓储和配送环节交给京东物流进行全流程跟进，大幅提升了配送时效和质量，全国大部分地区消费者可当日或次日收货。

在良好合作基础上，2018年9月9日，京东集团与西藏珠峰冰川水资源开发有限公司签署战略合作协议，双方在自营业态、母婴、企业购、无界零售等方面展开深入合作，共同推出珠峰冰川和京东"联标定制水"系列产品，联手打造走出西藏、走向世界的中高端饮用水民族品牌，同时通过"京东＋企业＋牧民"的方式推进电商精准扶贫。

资料来源：根据搜狐网《京东与珠峰冰川在拉萨签署战略合作协议》《珠峰下农牧民脱贫记：9年换4辆车，生产的珠峰冰川水成网红》的新闻内容整理所得，2019年11月浏览。

第五章　乡村振兴之三：农村电商如何使“农民更富”？

（一）西藏电商扶贫的特殊价值

电商发展具有快速模仿、快速复制、快速推广的性质，是西藏产业扶贫的重要力量。西藏各地通过多种方式和手段，因地、因时制宜推出各种行政政策以推动电子商务扶贫工作的发展，加强精准扶贫脱贫与农村电商的深度融合，探索创造出藏区贫困农牧户自主创业型、地区优质龙头企业带动型、农牧产品生产能人大户引领型、藏区乡村干部服务型等电子商务精准扶贫模式。通过实践可知，新型电子商务扶贫模式为藏区贫困地区创造出了新的经济增长点，不但推动了贫困地区种植业和畜牧业的集约化、规模化，提高了西藏地区农特产品市场竞争力，还带动了产品设计包装、物流配送以及深加工等相关产业链上配套企业的发展，助推物流体系和基础设施条件的不断完善和产品时尚活跃度的提高，为贫困地区提供新的经济增长引擎。

西藏地区充分利用电子商务带来的新技术和新模式，突破了空间跨度、区域环境的制约，推动贫困户实现增收节支式脱贫。正是有了电子商务精准扶贫机制体制，贫困人口才可以享受到电商发展所带来的各种益处。

一方面，互联网电商使得贫困农牧民增加了收益，减小了与其他农户收入上的差距。电子商务扶贫机制使贫困地区农牧业产品“卖难”困境得到有效缓解，传统贫困地区走出了由物流配送机制、交通路线等基础设施、乡村电商市场及其供求信息等多种因素造成的众多高质量农特产品增产不增收的窘境，不仅将富余产品推向市场，还能卖得好价钱使农户增加收益。与此同时，城镇居民也能买到来自农村地区的绿色、有机且安全的农牧产品，实现双赢。

另一方面，线上电商网点可为贫困群众代理购买基本生产生活资料，这样既方便了农户的日常生活，也节约了其支出。在西藏地区，这样的例子很多。比如，日喀则市的白朗县地广人稀，农村市场流通网络不健全，销售和服务网络不完善，消费环境欠佳在很大程度上影响着农牧民购买力的实现。在农村电商发展过程中，白朗县注重帮助农牧民代买代购，给他们的生活带来了便利和实惠。例如，白朗县东喜乡海拔4 935 米，由于自然条件恶劣，道路交通不便，以前东喜乡的农牧民群众购买家电等产品，都需要乘车到县城甚至到日喀则市区才能买到。随着农村电商的发展，白朗县在全县建立了覆盖 40％以上行政村的电商服务网点，免费帮助老百姓在网上代买代购各种生活用品，并通过物流配送直接送到农牧民群众手中，极大地提高了农牧民购物的便利性。足不出村就可以买到想要的产品，农牧民购物的积极性也就大大提高了。

电子商务扶贫有助于加速西藏地区农业供给侧结构性改革。西藏贫困地区以市场需求为导向，积极培育和引进适合线上销售的农业牧业特色产品，倒逼农村产业结构调整，刺激市场，增强乡村经济活力。除此之外，电子商务扶贫激发了藏区脱贫内生动力，推动了贫困地区居民和干部思想观念的变化，扶贫脱贫眼界更高远、思路更宽阔，促进农特产品的市场化和品牌化。西藏地区着眼于农特产品上行的生产端问题，支持产品双向流通，引导和鼓励电子商务企业为贫困地区提供服务，帮助贫困村民学习利用互联网电商、提高自身创业就业的能力，建立健全贫困农户脱贫致富的电子商务支撑机制，最终使贫困群众增加收入、脱离贫困。西藏地区电商扶贫工作把握以下原则：

一是坚持供给侧结构性改革指导下的市场主体地位。政府做好引导和扶持，遵循市场经济规律，充分发挥全国整体市场和消费市场大数据在农牧区电商资源配置中的决定性作用，因地制宜地促进贫困地区电商产业的精准发展，带动贫困人口就业增收脱贫。

二是坚持电商结构化发展。以促进农特产品上行为重点，以打造农特产品双向供应链为核心，以电商平台搭建贫困地区产品和各级市场的桥梁，积极推动与国内主流平台、区域平台和垂直平台的交流合作，注重培育符合当地电商发展需要的本土电商企业和平台，使本土电商企业平台迅速具备现代电商平台发展的商业模式和发展趋势。

三是发挥示范县的带动作用。重点建设和培育一批有一定产业优势、有一定电商基础和工作积极性高的贫困县，探索电商扶贫模式，形成“一市一样（板县）、一县一标（杆村）、一村一星（创业之星）”的电商扶贫示范模式，并逐步向其他地区进行推广。

四是调动社会参与的积极性。通过宣传和引导，使社会各界认识到电商扶贫是西藏发展的核心体系之一，是西藏扶贫工作成功的重要途径。整合各类扶贫资源，鼓励引导市场化电子商务平台和电商产业链各环节企业广泛参与，调动贫困群众应用电子商务、参与电子商务的主动性和积极性。

五是坚持实践和创新互为指导。以基层实践推动政策体系创新，及时发现和总结电商在推动精准扶贫精准脱贫方面的典型模式，总结推广一批可学习、可操作、可复制、可推广的经验。引入国内最先进的电商理念和模式，引入新零售、新技术、新金融体系，通过实践落地，生根发芽，使西藏地区电商建设在较高起点上开展，短期内赶上国内先进水平。

案例 9：西藏工布江达县电商扶贫提升农牧民收入

工布江达县地处尼洋河中上游，川藏公路交通要道，是拉萨通往林芝的必经之地，为林芝市的西大门，是林拉高等级公路的主要区域，国家层面重点开发区域——拉萨、林芝市圈的核心区域，是西藏东部经济区的核心组成部分。据 2017 年统计数据，工布江达县全县总面积 1.29 万平方公里，318 国道贯穿县境 210 公里。全县辖 3 镇 6 乡，79 个行政村、1 个居委会，常住人口 34 407 人，其中农村人口 28 975 人、城镇人口 5 432 人，城镇人口比例 15.8%。2017 年，全县生产总值完成 14.9 亿元，本级财政收入完成 1.17 亿元，农牧民人均纯收入达到 27 200 元，全社会固定资产投资实现 13.68 亿元。全县小康村建设覆盖率达到 44%；全县 79 个行政村已全部实施了人居环境整治建设。2017 年，工布江达县电子商务交易额达 814.16 万元，网络零售额达 633 万元，网购金额达 181.16 万元；累计帮助贫困户销售总金额达 19.9 万元，带动贫困户就业人数 48 人；累计培训建档立卡人口 1 064 人次；村级电商服务点行政村覆盖率达到 30%。

工布江达县将电商与精准扶贫相结合，积极探索电商精准扶贫的新模式。在电商进农村综合示范实施工作中，着重针对本地特色农牧产品和手工艺品进行包装策划、品牌推广和全网络营销。通过电商发展拓宽本地产品销售渠道和提高品牌知名度，让工布江达本地的特色产品能够“走出去”，实现农牧产品进城，增加农牧民收入，最终帮助农牧民脱贫致富。

错高乡结巴村的村民索那卓嘎，过去依靠结巴村地处国家5A级景区巴松错的优势，开起了农家乐。通过学习电子商务相关知识，索那卓嘎承担了结巴村电子商务供销服务站的运营工作，提供网上代购、快递收发、便民金融、代缴话费等服务。同时，索那卓嘎依托景区优势，通过微信朋友圈等社交网络平台销售特色产品，从2017年8月开始开展电子商务服务站服务工作到2018年初，累计销售额已达30余万元，极大地增加了收入。朱拉乡扎热村的村民才旺卓玛，原来自己开有小茶馆并代办移动业务，通过加入电子商务服务站，开展网上代购、快递收发、代办移动业务、开办小超市等业务，每个月能够增加收入2 400余元。工布江达县朱拉松茸加工农民专业合作社，通过微信朋友圈等社交网络平台，年度销售林下产品近600万元，带动1 000余户3 700余名村民人均每年增收3 000余元，帮扶贫困户32户、76人。

资料来源：根据笔者赴工布江达县调研材料及相关新闻报道整理所得。

（二）西藏电商扶贫的体系建设

以增加农牧民收入为基点、以市场为导向、以企业为主体、以培育产业为重点、以脱贫为目的、以建设电商基础设施和电商教育培训体系为基本手段，大力实施电商精准扶贫工程，完善政策措施，健全服务体系，营造发展环境，创新服务模式，逐步形成较为完善的电商扶贫行政推进、公共服务、配套政策、网货供应、物流配送、质量标准、产品溯源、人才培养等体系[①]。

1. 构建行政助推体系

全面建立健全能够统筹规划并负责电子商务扶贫的顶层设计、具体政策制定、实际协调指导、工作推进和检查考核等相关工作的电商扶贫指导领导小组和工作机构，形成地方政府、相关协会和驻村工作队三方共同助力电子商务扶贫的工作体系。

2. 构建互联网线上店铺服务体系

以为西藏贫困地区线上店铺开设和运营提供专业指导、策

① 根据国务院扶贫办《关于促进电商精准扶贫的指导意见》整理所得。

划、IT 外包、客服、美工和代运营等专业技能服务为目标，完善县、乡、村级电子商务服务站点功能及相应的配套设施，建立健全上下游产业服务链；以国家级、自治区电商示范基地，各地（市）电子商务产业园和各级创业孵化园等专业园区为依托，为贫困地区互联网商家提供创业孵化等服务。

3. 建立网上店铺货物供应监测管理体系

确定好各自的特色主营业务和主打的特色产品，在规模化种植培育、统一标准化生产和商品化销售的要求下，加工适合线上销售的优质商品。促进藏区贫困户在农牧业产品加工企业产业化经营的带动下从事线上店铺货物生产加工工作，构建完善的网货供应体系。确认一批线上销售货物供应定点企业，使其为线上店铺提供丰富的优质货源。加大对乡村特色商品网货的监管力度，规定农牧业特色产品生产加工的统一标准，引导合作社、农业生产企业、种植养殖大户和家庭牧场严格按照标准种植饲养、生产加工以及包装贮存，以便从源头确保农特产品供应质量水平；加强流通环节的质量监管，构建线上销售商品质量追溯体系，消除质量隐患。

4. 构建网络物流配送体系

加速西藏贫困地区物流基础设施建设，加快贫困地区网络宽带铺设，采取无线与有线相结合的方法，扩展网络覆盖面积。鼓励各类物流企业在贫困地区建立服务站点，支持服务贫困乡村的“草根物流”在当地发展，建立健全物流体系，加快货物流通配送的速度，提高整体效率。

5. 构建电商人才培养教育体系

整合现有的培训资源，制定培育方案和规划，以相关社会团体、政府相关部门、高等（职业）院校和优质龙头企业为主体，构建电子商务扶贫专业人才培训系统。建立中国国际电商中心培训学院西藏分校等专业培训机构，有针对性地开展全方面、多层次培训，共同建设电子商务扶贫人才培育和实践基地，从而实现电子商务专业从业人员和扶贫管理人员的培训全覆盖。西藏白朗县自2017年启动农村电商发展实施工作以来，重点进行电子商务培训工作，截至2017年底，白朗县团队针对当地未就业大学生、公务员、农牧民以及有创业想法的退伍军人，进行电商扶贫培训、普及培训、提升型培训等多种形式的电子商务培训工作，已经完成11个乡镇的电商普及培训工作，并开展了一系列电商提升型培训、未就业大学生电子商务培训等，总计培训668人次，其中电商扶贫培训158人次。

6. 构建电商扶贫评价考核体系

把电子商务扶贫归入扶贫总体工作体系，与其他各项扶贫工作同规划、同安排、同监测、同考核、同奖惩。建立健全电子商务扶贫统计通报制度，以线上网店数量、农特产品销售量、网货交易额及带动西藏地区贫困村、户对外销售农特产品与帮助贫困农户增收脱贫情况为重点考核对象。

案例 10：电商龙头联合西藏企业带动农牧民收入增加

自 2017 年以来，京东集团与西藏珠峰冰川水资源开发有限公司加强战略合作，进一步提升矿泉水产量和知名度，推动农牧民群众的收入增加。例如，尼玛顿珠原是西藏日喀则定日县的普通村民，种青稞是一家人唯一的经济来源，全年只有 4 000 元左右的收入，勉强维持一家人的生计。后来因为珠峰冰川公司扩大产量的需要，尼玛顿珠和妻子先后成为水厂员工，两人月收入累计超过万元。往后短短几年，尼玛顿珠先后换了 4 辆车，同时还修缮了居所，从土坯房到二层小楼，一家人的日子越过越红火。

与尼玛顿珠一样进入水厂工作的共有 84 名村民，其中有 82 人都摘掉了贫困户的“帽子”。不仅如此，通过与京东的合作，珠峰冰川公司还定向帮扶定日县 16 700 余名贫困农牧民，将股东股权分红权的30%无偿赠送，这样除了现有工厂员工脱贫之外，其他贫困农牧民也可以通过公司的股权分红逐步脱贫。

资料来源：根据搜狐网《珠峰下农牧民脱贫记：9年换4辆车，生产的珠峰冰川水成网红》的新闻内容整理所得，2019年11月浏览。

（三）西藏地区下一步如何推进电商扶贫？

1. 以供给侧结构性改革为主线，建立有效的产业供应链

西藏地区长期以来存在着供应链不完善、无标准、环节缺失的问题，应加大供给侧结构性改革力度，针对电商网络销售的特色农牧产品，结合“一县一企、一地一类”产业格局，开展绿色、无公害农产品生产基地及种养殖基地建设，在西藏贫困地区实施“农商互联”政策，逐步统筹推进“联产品、联设施、联标准、联数据、联市场”几大步骤，形成以电商企业为主体，上端联系生产、下端联系消费的新型农业牧业特色商品供应链。支持各类生产、流通和销售主体合作对接，通过鼓励西藏农牧区的新型经营主体与各类电子商务销售平台展开合作，促进电子商务平台与当地农特产品经营销售大户、农牧业

种植饲养基地、各类大型超市、中高档酒店以及大型餐饮连锁企业交互对接，提高农特产品电商化比率，增强销售能力，拓展藏区贫困户就业创业增收的渠道。要建立和完善农资流通网络，引导农资物流配送企业与农牧业种植养殖大户、农特产品专业合作社与家庭牧场等对接，助推农资配送中心建设，早日提供农资物流配送直供服务。

2. 以大数据为基础，发挥市场调节作用

从政府层面建立市场研究机制，一方面通过大数据获得市场、商品的信息，了解市场需要什么，不同地区需要什么，商品的定位、包装、质量标准、供应链体系、营销体系是什么样的，西藏适合什么样的产品开发和商业模式；另一方面利用大数据信息缓解事前精准识别、事中精准帮扶、事后精准评估三方面的困境，切实达到精准扶贫的效果。将大数据技术和云计算等高科技手段运用到扶贫工作中去，找出贫困人口，摸清致贫原因，落实帮扶措施，把具体扶贫政策实施到每家每户。通过大数据手段收集贫困农户和各类扶贫项目等内、外部的相关数据信息，建立健全贫困信息监管和测量指标体系，在精准、真实、科学合理的要求下评估西藏贫困地区、贫困人口状况以及扶贫项目收效，作为制定科学扶贫政策的数据依据。

3. 拓展试点范围，推进县域电商扶贫示范

农村电商应向贫困区域倾斜，改造提升一批县域电商服务中心和乡镇服务站，完善与农户利益紧密联结的帮扶机制，使“工业品下乡”和“农产品进城”并行。以培养一批电子商务精准扶贫创新发展示范区为重点，展开“电商扶贫进万家”的活动，培养扶贫领导队伍，帮扶支持一批经济辐射范围广、带动性强的新型农业经营主体，促进农特产品线上经营销售，扶持一批电商扶贫示范企业、示范基地和示范网店。在积极创新“一村一店”的线上店铺扶贫模式，鼓励发展“电商＋农业龙头企业＋贫困农户”和“电商＋行业（专合）组织＋贫困农户”等模式的过程中，逐渐形成“一店助一村、一店助多户”的电商结对帮扶体系。

4. 完善电子商务支撑体系，改善基础设施条件

切实促进西藏贫困地区路线、电力设备与互联网宽带等基础设施建设，完善贫困地区发展电子商务所需的基本条件。分阶段努力推进农村信息通信服务完善升级，推动“宽带乡村”构建，尤其关注西藏偏远贫困地区的通信基础设施设备建设。促进电信网络全覆盖服务试点工作，落实信息进村入户工程。

探索“电商产业园十物流园”融合发展新模式，整合供销、邮政、商贸、交通等部门物流资源，推动仓配一体化，建立和完善县乡（镇）村三级物流配送体系。鼓励快递公司在乡镇设立快递代办点，支持连锁企业自有物流设施、零售网点向社会开发成为配送节点，解决“最后一公里”“最后一百米”末端配送难题。加快以鲜活农牧产品、食品为主的电子商务冷链物流发展，构建电子商务全程冷链物流体系。

5. 完善电子商务支撑体系，加快贫困地区特色品牌培育

按照“一县一企、一地一类”并结合“三品一标”目标要求大力发展特色产业，培育特色品牌。鼓励经营主体对农牧产品“三品一标”等资质进行申报认证，加强品牌意识，加强西藏贫困地区农特产品品牌化建设，提高产品价值、质量和知名度。大力支持和投资农牧业特色产品品牌建设工程和农村电商服务业发展，根据藏区现实情况，为贫困地区制定适于线上销售的主要农牧产品分等分级、质量把控、商品包装和业务规范等一系列统一标准，助推自治区级标准上升至国家标准，推进藏区地方产业的品牌化和规模化。

建立健全藏区扶贫特色商品目录库，对当地优质农牧业特色产品的种植养殖规模、产量产值和品种特色进行检测摸底统计，确立主导品牌，编制农村特色主导商品名录。鼓励支持每

个贫困县培育不少于一个能完成特色农牧业产品生产、加工、包装、推广和销售的优质龙头企业，并对其进行统一认证挂牌管理和帮扶。

6. 发挥平台效应，鼓励贫困户依托电商创业就业

大力支持电子商务扶贫创新创业就业，开展巾帼电子商务脱贫行动、乡村青年电子商务培育工程以及电子商务助残扶贫行动，推进当地优质电商企业和第三方电子商务平台企业展开创业扶贫、产业扶贫、用工扶贫等工作，安排适当的产品和岗位帮助贫困群众实现创业、就业，实现大众创新、万众就业。引导有条件的地区创建专业的电商产业园区，为电商企业提供集研发、培训、孵化、展示、交易、办公和物流仓储于一体的优质服务，优先安排贫困户入驻创业就业。整合扶贫政策资源，从免费培训、扶贫贴息、小额信贷、信息服务等方面支持贫困群众通过电商实现创业。

7. 注重典型示范引领，动员社会各界开展消费扶贫活动

坚持典型示范，加大经验交流力度，认真总结推广在电商精准扶贫实践中探索的成功经验，将先进做法、先进模式固化下来，作为指导产业扶贫的示范引领。大力开展“中国特产·

西藏扶贫馆”品牌及场馆建设，使扶贫商品实现西藏地区所有贫困县的特色产品全覆盖，同时鼓励西藏地区电商企业在全国各地建设“中国特产·西藏扶贫馆”消费中心，把“中国特产·西藏扶贫馆”打造成西藏地区电商扶贫名片。鼓励各地（市）在拉萨等地利用互联网促销节点（包括传统节假日等）和“扶贫日”等时间节点联合开展优秀农特产品网销网购活动，举办西藏贫困地区农特产品和藏货特色产品电子商务体验及“藏货全国行”等线上线下形式的展示体验活动，助力西藏优秀产品品牌化，使优质农牧产品销往全国各地。加大对西藏贫困地区休闲农业产品、优质农特产品和民族手工艺品的宣传推广力度，鼓励和引导电子商务平台开展有地方特色的网购活动，通过多方努力，共创消费扶贫的良好氛围。

案例 11：西藏地区电商推动“互联网＋精准扶贫”

西藏地区将电子商务作为扩展消费新领域，促进创业就业，推动农牧业升级、农牧区发展、农牧民增收，助力打赢脱贫攻坚战的重要举措，推动“互联网＋精准扶贫”专项行动。

西藏地区将电商扶贫纳入扶贫工作体系，构建以政府相关部门、社会团体、物流快递企业及电商企业为主体的电商扶贫体系。找准快速脱贫痛点，将贫困户与农特产品配对，真正帮助贫困户通过电子商务把产品卖出去，结合大数据打赢脱贫攻坚战。根据电商发展具有快速模仿、快速复制、快速推广的性质，利用电商新模式、新技术，突破区域环境、空间跨度限制，不断加强对电商扶贫工作的行政推动，采取多种形式，促进电子商务与精准扶贫精准脱贫的深度融合，推动贫困农户创业型、能人大户引领型、龙头企业带动型、乡村干部服务型优秀电商发展，探索建立“电商＋农牧民合作社＋贫困户”“电商＋农特产品＋贫困户”“电商＋旅游＋家庭旅馆＋贫困户”“电商＋致富带头人＋贫困户”等新型电商扶贫模式。

同时，西藏地区实施产业扶贫，打造“互联网＋旅游＋农特产品”运营模式。依托旅游资源优势，支持景区周边、公路沿线地区贫困户发展农家乐、家庭旅馆、帐篷住宿等旅游服务，让贫困户吃上“旅游饭”，实现脱贫致富。以农牧业主导产业和特色产业为载体，以扶贫龙头企业、有带动贫困群众脱贫的意愿和能力的农牧民经济合作组织为主体，扶持农牧产品种养殖企业、加工企业通过规模化生产、产业化经营，带动贫困户参与企业种养殖，从事网货生产加工。支持贫困区域依托第三方综合电商平台，开设地方特色馆、产业带，重点推进扶贫特产馆建设，支持通过电商平台的预售、众筹、义卖等模式进行精准扶贫，支持电商企业通过线上线下渠道设立电商扶贫O2O专区。

资料来源：根据笔者赴西藏自治区商务厅调研材料及相关新闻报道整理所得。

第六章　如何构建西藏农村电商新体系：三位一体

（一）西藏电商发展的农村支撑体系

1. 完善西藏农村电商公共服务体系

一方面，建立和完善地（市）级电子商务公共服务中心、县级电子商务公共服务中心、乡（镇）级电子商务服务站、村级电子商务服务点，形成地（市）、县、乡（镇）、村四级电子商务公共服务体系。地（市）、县级公共服务中心可以采取“政府建设，企业运行”模式，通过政府一次性建设完成公共服务中心，交由具备运营经验及条件的企业运营管理，在体现公共服务职能的基础上，由企业自负盈亏；也可以由政府招聘一批熟悉电子商务运作的人员，成立或指定专门工作机构，负责运营管理。乡（镇）、村级电子商务服务站点可与邮政服务站、“万村千乡市场工程”网点、农牧区商店进行整合，通过对已有店面进行装修改造升级、配备相关设备、店长培训，打通乡村级公共服务体系；也可建在乡政府、村委会，由乡镇干部、村委会干部、驻村工作队指定人员负责运营管理。

另一方面，加快推进县乡（镇）村三级电子商务物流体系建设。整合各地邮政、供销、传统商贸物流企业等农牧区物流资源，负责从县到村的农村物流体系建设，建立和完善农牧区物流信息管理平台、物流配送仓储中心及物流运输体系。为充分利用藏区现有资源，规避资源浪费和重复建设，各地可以在农牧区电商服务站点的基础上，统筹利用本地货运、现有的邮政乡镇物流配送网以及交通运输部门的运输车辆等各类运输资源，缓解西藏农牧区物流服务能力弱的困境。

2. 推动以电商生态链为依托的“七个不出村”

利用现代信息技术推动农牧区传统生产、经营主体转型升级，创新商业模式，促进业务流程和组织结构的优化重组，实现线上线下融合发展。针对农牧产品销售和农牧区生产生活资料采购需求，推进一批涉农电子商务网站建设，提供农牧产品、农机农资、生活用品批发零售和交易撮合服务，嵌入绿色食品溯源服务、绿色食品企业信用查询等模块化系统，打造农牧区综合电子商务交易平台。鼓励农牧民专业合作社、种养大户、家庭农场、农牧业企业等利用新农村商网、京东、苏宁易购等市场影响力大的第三方平台开展农牧产品网络营销。要突出以“农产品进城”、“工业品下乡”和“综合公共服务”为农村电子商务生态链的核心内容，通过电子商务产业链上各企业的通力合作，实现互利共赢。具体体现在“七个不出村”：

一是购物不出村。即工业品、生活品下乡，通过乡（镇）级电子商务服务站、村级电子商务服务点等渠道享受网购、支付、查询、退换货、代收货、代发货等“一站式不出村”网络购物服务。通过电子商务渠道解决售后服务问题，同时做好针对农牧区市场适销对路的商品组织工作，确保农牧区群众绝大部分生活必需品和工业品采购基本实现不出村。

二是销售不出村。即农牧产品进城，依托京东、苏宁易购、藏货通天下等电子商务平台，实现“足不出村”农牧产品即可销往区内外。

三是生活不出村。通过电子商务平台缴纳水电费、通信费、有线电视费、个人所得税等各种税费，开通汽车票、飞机票、火车票等订送和车险购买等便捷业务。

四是金融不出村。积极引入第三方支付平台，通过金融平台办理助农存取款、跨行转账、刷卡缴费、邮政汇款等业务，探索利用第三方支付平台向农牧民提供小额贷款、支付结算、延期付款、分期付款、保险理财等惠农服务。

五是创业不出村。支持大学生、在外务工青年回乡承接、创办电子商务服务站（点）、电子商务体验店、物流点。鼓励当地居民、返乡农牧民、退伍军人等依靠网络平台开展网上创业。

六是寄递不出村。通过资源整合、合理组织优化人员安排、搭载社会物流企业等措施，解决物流服务工作“最后一公里”问题，确保农牧区用户购物、销售全流程打通。依托乡（镇）、村级电子商务服务站点，为群众提供上门取送货服务，实现快递代发功能。

七是农技不出村。强化“三农”信息服务，打造“三农”电子网络信息平台，通过链接国内“三农”服务热线、网站、手机 APP 等多种手段，提供及时精准的信息服务和指导，完善和健全乡（镇）、村级信息服务站点，有效解决农牧区信息服务“最后一公里”问题。

3. 发展电商基础上的农村特色旅游

要结合实际整合旅游资源，规划旅游线路，电商承办企业提供思路和推广方式，旅游企业提供运营和游客体验，有机融合、系统规划，探索旅游与农牧区电子商务发展、特色产品销售等融合发展的运营模式。支持在旅游景点、旅游沿线建立电商进农村服务站点、特色产品展销店，形成旅游观光、购物体验及线下体验、线上销售、快递配送等融合发展的模式。

大力发展“互联网+旅游业”电商，支持传统服务业接驳电子商务。充分依托地区民族文化、边境文化和生态旅游资源，大力推动吃、住、行、游、娱等生活服务业在线化，促进线上交易和线下服务相结合。鼓励餐饮企业提供在线订餐、团购、外卖配送等服务，住宿企业提供在线订房服务，交通客运企业、旅游景点及文化演艺单位提供在线订票、在线订座、门票配送等服务。推动会展业创新，举办网上虚拟展会、网上交易会等新型展会。积极运用移动电商平台，全面展示西藏人文生态旅游产品和旅游形象。

（二）西藏电商发展的农业支撑体系

1. 强化农牧产业培育体系建设

一是大力塑造特色优势产业和龙头企业。在“优势区域、优势资源、优势产业、优先发展”的原则指导下，充分挖掘和利用地方特色农牧业资源，构建电子商务扶贫农牧业特色产品目录库，对藏区优质的特色农牧业商品产量产值、种植养殖规模和产品特色展开调研摸底统计，确立主打产品、特色主业和主导品牌，编制特色主导产品名录。积极推动当地农牧业特色产业发展，逐步培养几个具有较强辐射能力、影响力和带动力的特色优质产业。积极做好针对县域农牧产品的精细化开发和深度挖掘，强化农牧产品民族、区域特色，提高品牌意识和质量意识，培育一批口碑好、信誉高、质量优、销量大的农特产品，打造一批区域性优质农牧业特色产品电子商务龙头企业。此外，实施农特产品标准化体系建设项目，加强对农牧业特色产品供应链包括生产加工、包装营销、仓储运输和装卸配送等各环节的规范化、标准化管理和监控，积极创新，建立以“来源可溯、去向可查、风险可控、责任可究”为目标的质量保障系统。

二是重点关注营销体系建设。助推农牧业特色产品的线上运营、推广和销售，组织开展农特产品网络销售推介会和线上商家采购大会等农商双向对接活动，引导涉农企业加强与阿里、苏宁易购及京东等国内专业大型电子商务平台的合作，助力线上线下同步交易，为本地更多农牧业特色产品提供加入线上推广和交易的机会，提高农特产品的线上销售数量。大力引进专业的农特产品上行运营商，以其他地区成功的网络运营案例为参照，结合当地实际情况，由公共服务中心带领，帮扶和带动本地农牧业企业与广大线上商家共同参与经营销售新模式构建。除开展农牧业特色产品促销营销工作之外，同步进行主题和活动策划、品牌塑造、媒体策略、形象规划和市场监测，进行稿件、媒体与活动等公关、推广渠道的维持和开拓。推动“名特优新”、“一县一品”和“三品一标”等农牧业特色商品网上促销营销，加大宣传推广力度，提高农特产品线上销售的美誉度和公信力。

三是充分发挥网络平台作用。将从批发商到零售商的传统采购转化为线上交易，实现网点的信息化改造升级，开发订货程序，可直接进行零售终端门店的进销存管理，实时查询采购状态。由平台洽谈引入销售渠道不完善的品牌产品，扩大批发商与零售商的采购范围，集中分散的需求形成规模采购，降低采购成本，提高商家利润空间。平台要求用户实名认证，并以其交易记录作为信用凭证，建立诚信交易评价体系，促进农村电子商务健康有序发展。通过平台实现产销对接，增加农特产品生产商的销售渠道，帮助中小企业迅速找到销售对象，推广产品与品牌，扩大销售量，提升销售额；为批发商和采购商增加采购渠道，且保证原产地货源质量，减少流通环节，降低采购成本；发展信用体系下的农特产品易货方式，减少现金占用，降低流通成本；大规模的销售对农特产品生产的要求提高，将促进农特产品生产商积极引进优秀技术改进生产，进一步推动农特产品生产的标准化与规范化。建设线下特色产品体验馆，集中展示本地农特产品及从本区各个电子商务示范县引进的当地农特产品、地方特色手工艺品，促进交流与合作。打造线下产品体验中心，建设本地电子商务的对外形象窗口，同时发展区域 O2O，带领本地居民体验电子商务的优越性、便利性，深化电子商务项目在群众中的影响，营造电商建设的浓厚氛围，提高居民投身电子商务产业的积极性。

2. 大力培育农特产品本地品牌

建立品牌孵化机制，完善品牌体系。由政府引导，建立品牌联盟，充分挖掘各地的区域特色民族文化，打造高原特色农牧产品品牌，提高产品附加值。变革以往由单一企业打造品牌的模式，形成由多家行业企业联合政府共同打造、管理、使用品牌的新模式。建立两套品牌体系，一是地域名品牌体系，以地理标志产品为主，打造以地理区域划分的品牌体系，形成“一地一业”“一县一品”品牌格局；二是以产业、行业、企业为基础的企业品牌、公共品牌体系，针对农牧区特色产品“散、乱、杂”的问题，整合产品，打造系列产品公共品牌进行打包推广。

一是品牌挖掘。通过实地调研，深入了解全区各民族及各区域的民族文化、风土人情、民族节日等特色文化，结合产业布局及产品开发，将本土文化融入到品牌中。

二是品牌建设。鼓励地方政府、行业、企业积极申报地理标志商标，鼓励民众充分参与到品牌形象与品牌文化的建设中来，让当地民众认可本地品牌、建设本地品牌、维护本地品牌。

三是品牌管理。加大品牌管理力度，保护好品牌。由政府引导，建立行业、产业质量标准体系，企业信用管理体系，加大对产品质量的管控力度，保证品牌质量与品牌价值。

四是品牌使用。征信较好、产品或服务符合相关品牌标准的个人、单位和企业，均可向行业协会或相关部门申请品牌使用权，统一包装，统一管理，统一销售。

五是“一县一品”建设。依照区内外的市场需求，在一定地区范围内，以县为基本单位，充分利用本区的资源、传统和区位优势，推动规模化、品牌化、标准化和市场化建设，为一个县培育一个（或几个）区域特色显著、市场潜力大、有较高附加值的主导产品和产业，从而增强本区整体经济实力和综合竞争力。

六是品牌推广。推动线上与线下的融合发展，建立全网营销体系。按照统一标识、统一装修、同一产品原则，整合西藏地区农特产品资源，支持在全国一线城市、二线城市及拉萨市建立农特产品O2O体验店，推广西藏地区农村电商发展线下体验品牌店，形成西藏电商进农村工作和农特产品、文旅资源的对外宣传窗口。鼓励企业和个人在京东商城、苏宁易购、速卖通、众筹网等多个平台开网店、建立特色馆或开展网络营销，支持企业将各种互联网的营销方式、营销工具纳入其宣传推广中，形成一个庞大的全网营销体系，提升品牌形象、促进整体销量、解决线下销售瓶颈、完善客服体系，实现线上线下融合发展。

3. 推动以跨境电子商务为平台的农牧业“走出去”

将电商进农村工作与国家兴边富民、守边固边、强边固防的重大决策部署结合起来，充分发挥吉隆口岸、樟木口岸、普兰口岸、亚东仁青岗边贸市场等边境地区口岸、边贸市场的沿边优势，以国内优质产品“走出去”和南亚特色产品“引进来”为核心，将边境地区的口岸、边贸市场逐步打造成为我国跨境电子商务体系拓展南亚市场的基地和平台，打造面向南亚市场的桥头堡。

一是积极推进电子口岸建设，加快电子口岸单一窗口平台的建设步伐，提高口岸通关效率、降低贸易成本、提升口岸竞争力。二是创建新兴跨境电商报关监督管理模式，对跨境电商零售出口产品中的非涉税商品实施集中监督和管理，货物利用“清单核放、汇总申报”的方法，通过快件和平邮等方式运输，分批核放出境。三是创新和建立健全电商检验检疫监管系统，采纳由相应检验鉴定机构进行并由第三方认证的产品质量安全合格测评结果。四是促进跨境电商公共海外仓的建设工程，鼓励有实力的企业在尼泊尔等地通过独立运行、自建或是租用等方法搭建跨境电商公共海外仓，以海外仓为支点，建设跨国配送辐射网点和站点，把零散的国际运输转变为大宗运输，缩短订单周期，减少企业用于物流配送的开支，降低成本，提高收益。五是利用第三方平台开设南亚特色商品馆、尼泊尔聚宝店等特色馆，实现南亚商品经边境地区进入国内市场，将樟木、吉隆、普兰国际口岸及亚东仁青岗边贸市场等打造成南亚商品拓展中国市场的大通道。

4. 强化农特产品溯源体系建设

建设地（市）、县两级溯源系统。以招标方式，每个地区（市）委托有承接资质的企业搭建 1 个地（市）级和若干个县级农特产品溯源平台，利用互联网视频监控以及二维码等科技手段，建设地（市）级和县级电商农特产品的二维码数据库，以农特产品不同种类为分类依据，监督负责生产加工的企业在其产出的农特产品上粘贴二维码便于产品溯源追踪，此外，相关企业还应提供该产品的生产地信息及生产过程中日常管护情况和农药化肥使用情况的详细视频记录。开展高原地区农特产品溯源工作，建立健全农特产品质量管理系统，推进农特产品质量认证，使产品实现“生产有记录、信息可查询、来源可追溯、流向可跟踪、责任可追究、产品可召回、质量有保障”，提升全区各地（市）、县的产品追溯、监管、营销公共服务水平，真正把西藏农牧业特色产品塑造成可以保障“舌尖上的安全”的品牌级产品。

（三）西藏电商发展的农民支撑体系

1. 加强电子商务人才培养体系建设

完善社会电子商务培训体系，以全行业发展需求为导向，加大政府政策帮扶和引导力度，将产业用人需求和地方产业特色结合起来，制订全方位的电商专业人才培养教育规划[①]。实施“引进来”政策，组织本区的电子商务服务企业，或将区外专业的培训机构引进扶持地区，对创业就业人员、农牧民群众、向电商转型的企业以及有关政府人员展开电子商务理念、相关技能方法和高技能人才等不同层次的、市场化和公益性相结合的培训活动，构建培训方式多样、管理运作规范、保障措施健全且覆盖面广的专业培训系统[②]。

同时，落实“走出去”制度，组织本区未就业大学生、农牧民群众以及电子商务从业人员等到区外接受专业的专项培训或跟班培训，培养塑造适合电商发展需要的高素质应用创新型人才和跨界复合型人才，根据电商产业的飞速发展实时转换培训重点，为优化电子商务的体系和结构提供人才、储备资源。

① 根据商务部官方网站《关于加快推进电子商务人才培训工作的指导意见》整理所得。
② 根据中央人民政府官方网站《国务院关于加强职业培训促进就业的意见》整理所得。

案例 12：西藏地区打造电子商务人才培养体系

依据培训对象、培训需求、培训目的，建立分级分层的培养机制：

一是政府、行业管理人员培训。组织开展各级政府管理人员电子商务培训，普及电子商务知识，转变经济发展思维和管理模式，促进传统行业转型升级。

二是电子商务培训师培训。组织电商服务企业、行业组织、专业培训机构等各单位的电子商务培训讲师在授课之前先接受电子商务技能、政策、发展规划等方面的培训，建立藏、汉电子商务培训讲师资源库系统，加强电子商务培训讲师资源的系统化管理和资源实时共享。

三是电子商务专业人才培养。支持各地文化水平较高、愿意在当地发展电子商务的人员到区内外学习计算机技术、网络工程、摄影、物流管理、食品检测等专业技能，培养电子商务应用型人才，或引进区内外电商专业人员。

四是涉农企业、合作社负责人培训。为进入大型电商平台的涉农企业和合作社提供网上开店、市场推广、运营维护等综合培训。

五是电商创业者培训。针对已触网企业的从业人员及有意向触网创业的人员，举办电子商务招商讲座，从品类选择、数据支持、平台政策等多方面，进行网络创业培训。鼓励建立电子商务创业孵化中心，为电子商务创业者提供场地、培训、指导、技术、管理、资金等支持，为创业者提供良好的创业环境。

六是电商从业者培训。依据从业者从事的岗位不同，有针对性地进行包装、摄影、美工、网站开发、网络管理、网站（店）运营等专业技术培训，提升从业者的专业技能。

七是农村电子商务经纪人培训。鼓励农村经纪人、致富带头人参加电子商务培训，并利用电子商务平台提高农牧产品成交量，直接组织农牧产品网上交易，迎合农牧业、农牧区和农牧民（“三农”）的发展需求，推进农牧业生产结构调整、促进农牧区劳动力就业、保证农牧民增收。

资料来源：根据笔者赴西藏自治区商务厅调研材料及相关新闻报道整理所得。

2. 大力推动农牧民创新创业

建立以创业带就业、以创业带扶贫的“一创双带”帮扶机制。依托创业孵化中心，针对农牧民群众进行专门的创业孵化培训，由公共服务中心提供电脑设备、办公场地，并通过免费提供全方位的电商支撑服务，对农牧民群众进行创业、创新帮扶，带动农牧民群众创业。采用相关资源投入、人才教育培训、各类市场对接、各界提供服务及政府政策支持等方式方法，帮助藏区农牧民群众创办网店，线上销售其富余农牧产品。农牧区电子商务龙头企业、种养殖能人大户、专业协会以及电子商务经纪人开展与当地农村贫困户网店“一对一”对接工作，帮助广大贫困农牧民群众提高网店销售运营收益。至于暂时不具备开办网店所需条件的贫困村，支持县乡（镇）村各级干部、大学生村官、毕业未就业的大学生、贫困村在校大学生以及致富能人，在县服务中心、乡镇服务站、村服务点或电子商务扶贫产业园区内开设扶贫网店，代理销售农牧业特色产品。

3. 以电商为依托推动农牧民就业

电商产业园、各县公共服务中心和乡镇为民综合服务站，面向贫困人员优先提供农村电商推广员、物流配送员、司机、分拣员、仓管员等岗位，解决本地农牧民群众特别是贫困人口的就业难题，让更多的农牧民群众通过电子商务发展带来的就业岗位提高收入。鼓励农牧产品种养殖企业、加工企业、物流配送企业、传统商贸企业等依托互联网进行网络销售、转型升级，鼓励享受免费服务的企业积极吸纳农牧民群众就业，实现“精准送岗”，助推农牧民群众走向脱贫致富之路。

参考文献

1. 罗莉，等. 西藏自治区经济史［M］. 太原：山西经济出版社，2016.

2. 狄方耀，毛阳海，陈爱东. 西藏经济热点问题研究［M］. 厦门：厦门大学出版社，2014.

3. 张战，李永红，桂莉. 中国农村竞争力［M］. 石家庄：河北科学技术出版社，2013.

4. 陈崇凯. 西藏地方经济史［M］. 兰州：甘肃人民出版社，2008.

5. 张志恒，杨西平，尹雯. 西藏特色经济发展问题研究［M］. 厦门：厦门大学出版社，2015.

6. 次顿. 推进西藏社会主义新农村建设研究［M］. 拉萨：藏文古籍出版社，2009.

7. 王松平. 西藏自治区（乡村）社区旅游研究［M］. 成都：四川大学出版社，2011.

8. 毛阳海，等. 西藏经济结构转型研究［M］. 南京：东南大学出版社，2012.

9. 丁业现，彭克强. 改革开放以来西藏金融发展与经济增长关系的实证研究［J］. 西藏研究，2011（4）：38-50.

10. 陈君. 西部地区农村电商的发展思路［J］. 商场现代化，2015（16）：74-75.

11. 方志权. 关于加快构建上海新型农业经营体系的思考［J］. 科学发展，2015（6）：93-99.

12. 聂国梅. 农民工市民化转型中的基本养老问题研究［J］. 人民论坛，2015（14）：151-153.

13. 张传秀. 当前我国农村电商存在的问题及对策分析［J］. 中共南宁市委党校学报，2016（1）：16-19.

14. 张龚雪. 改革开放 40 年：西藏社会治理概述［J］. 西藏发展论坛，2018（5）：21-23.

15. 段文忠. 西藏自治区农村电商精准扶贫问题及对策研究［J］. 大理大学学报，2018（1）：38-42.

16. 卓嘎措姆，图登克珠，徐宁. 西藏交通运输与经济发展关系研究［J］. 西藏大学学报（社会科学版），2018（2）：205-211.

17. 许俐，游紫蕾. 西藏财政科技支出与经济增长的实证研究［J］．西藏民族大学学报（哲学社会科学版），2018（4）：94－99．

18．贺路路．西藏大力实施乡村振兴战略的思考［J］．西藏发展论坛，2018（3）：63－66．

19．韩立达，史敦友．民族地区乡村产业振兴实践研究：以西藏山南市滴新村为例［J］．西北民族大学学报（哲学社会科学版），2018（5）：113－120．

20．李国斌．关于西藏现代化经济体系建设的思考［J］．西藏发展论坛，2018（1）：38－40．

21．汪佑民．关于电子商务在西部开发中的作用［J］．湖北社会科学，2001（12）：39－40．

22．郭振海．西藏金融改革与发展［J］．中国金融，2015（10）：69－71．

23．《甘肃农业》编辑部．突破制约 健康发展［J］．甘肃农业，2017（21）：18－20．

图书在版编目（CIP）数据

电子商务发展与乡村振兴战略：以西藏地区为例/伍聪著．--北京：中国人民大学出版社，2021.10
（国家发展与战略丛书）
ISBN 978-7-300-29826-9

Ⅰ.①电… Ⅱ.①伍… Ⅲ.①电子商务-产业发展-研究-西藏②农村-社会主义建设-研究-西藏 Ⅳ.①F724.6②F327.75

中国版本图书馆 CIP 数据核字（2021）第 177240 号

国家发展与战略丛书
电子商务发展与乡村振兴战略
以西藏地区为例
伍 聪 著
Dianzi Shangwu Fazhan yu Xiangcun Zhenxing Zhanlue

出版发行	中国人民大学出版社		
社　　址	北京中关村大街 31 号	**邮政编码**	100080
电　　话	010－62511242（总编室）		010－62511770（质管部）
	010－82501766（邮购部）		010－62514148（门市部）
	010－62515195（发行公司）		010－62515275（盗版举报）
网　　址	http://www.crup.com.cn		
经　　销	新华书店		
印　　刷	唐山玺诚印务有限公司		
规　　格	160 mm×230 mm　16 开本	**版　　次**	2021 年 10 月第 1 版
印　　张	8.25 插页 1	**印　　次**	2021 年 10 月第 1 次印刷
字　　数	77 000	**定　　价**	36.00 元